明朗健康中國

台客現代詩賞析

陳 福 成 著

文 學 叢 刊

文史哲出版社印行

國家圖書館出版品預行編目資料

明朗健康中國：台客現代詩賞析/ 陳福成著.
-- 初版 -- 臺北市：文史哲出版社,
民 111.09
頁；　　公分--（文學叢刊；464）
ISBN 978-986-314-617-9（平裝）

1.CST：廖振卿 2. CST：新詩 3. CST：詩評

863.21　　111013996

文學叢刊 464

明朗健康中國

台客現代詩賞析

著者：陳福成
出版者：文史哲出版社
http:// www.lapen.com.tw
e-mail：lapen@ms74.hinet.net
登記證字號：行政院新聞局版臺業字五三三七號
發行人：彭正雄
發行所：文史哲出版社
印刷者：文史哲出版社
臺北市羅斯福路一段七十二巷四號
郵政劃撥帳號：一六一八〇一七五
電話886-2-23511028 · 傳真886-2-23965656

定價新臺幣四四〇元

二〇二二年（民一一一年）九月初版

ISBN 978-986-314-617-9　　10464

序　明朗健康中國：台客現代詩賞析

在我的大學時代，一位國文老師曾經多次在課堂上，很慎重的引述弘一大師李叔同的一句話，讓我一輩子都難忘：

明師難遇，佛法難聞，生中國人難得。

此後的人生數十年，我常想起這句話。尤其對「生中國人難得」，到了大約不惑之年才有更深刻的體驗，更珍惜生中國人的身份。後來我出版的每一本書，在封面內摺頁的作者簡介都有這段話：以生長在台灣的中國人為榮，創作、寫詩，鑽研「中國學」，以貢獻所能和所學為自我實現途徑，以宣揚春秋大義，復興中華文化為一生志業。

到了壯中之年，有緣接觸到佛教，竟發現佛經《四十二章經》也提到「生中國難」，在第三十六章：「佛言，人離惡道，得為人難。既得為人，去女即男難，既得為男，六根完具難。六根既具，生中國難，既生中國，值佛世難……」。這就讓我「生為中國人」，有了更深的領悟，在面對島嶼自殺式的沈淪搞「去中國化」大洗腦，我根本就「百毒不侵」，且能化筆為槍，嚴厲反擊和批判。「我是中國人」是永恆不動搖的，生為中國人，死而化成神州（含台島）一英魂，轉世仍當中國人。

叢林演化都是「物以類聚」，我的很多同學、朋友，幾乎都和我「同類」。其中最特別是台客（本名廖振卿），一九五一年出生在當時的台灣省台北縣（今新北市），成功大學外文系畢業，大學時代就熱愛新詩，畢業後就業工作到退休，始終堅持當一個詩人，並主編著名的《葡萄園》詩刊數十年。至今（二〇二二年），他已出版十三本詩集、一本詩論集、二本散文集、十本主編的詩歌文學專書。他可謂是著作等身，一個充滿真性情的老友。

與台客相交多年，也讀過他的很多作品，從他的寫作風格和思想性情，我把他定位成「現代白居易」。在《墨客揮犀》記載說：「白樂天每作詩，令一老嫗解之，問曰：『解否？』曰：『解』，則錄之。不解則又復易之，故唐末之詩，近於鄙俚也。」所以蘇東坡說：「元輕白俗」，意說白居易的詩力求通俗，大家都能輕易看懂，就是鄉下老嫗也能了解，台客的詩正是這樣的風格。

本書梳理台客所出版的十三本詩集，有詩一千多首，等於是深入平時所未讀到，進入平時所未見到「台客的世界」，潛入平時所未注意到的思想意識界。深入理解後，每一本詩集寫出一至三篇欣賞心得，並定名《明朗健康中國：台客現代詩賞析》。台客的十三本詩集，按出版年代順序如下：

《鄉下風光——台客童詩集》（台北：葡萄園詩刊社，一九九三年二月）。
《生命樹》（台北：葡萄園詩刊社，一九九三年三月）。
《故鄉之歌》（台北：葡萄園詩刊社，一九九四年八月）。
《繭中語》（遼寧：遼寧民族出版社，一九九六年五月）。
《石與詩的對話》（台北：詩藝文出版社，一九九八年九月）。
《見震921》（台中：文學街出版社，二〇〇〇年元月）。
《發現之旅》（赤峰市：內蒙古科學技術出版社，二〇〇一年三月）。
《台客短詩選》（香港：銀河出版社，二〇〇二年六月）。
《星的堅持》（重慶：重慶出版社，二〇〇五年六月）。
《與石有約》（台中：偉霖文化事業有限公司，二〇〇七年七月）。
《續行的腳印》（台北：秀威資訊科技股份有限公司，二〇一二年七月）。
《歲月星語》（台北：文史哲出版社，二〇一五年十一月）。
《種詩的人》（台北：文史哲出版社，二〇一九年九月）。

讀了這麼多台客的作品，有一類的作品最讓我感動，就是有很多壯遊神州大陸的詩作，記錄許多他所接觸到的人、事和景物。在《與石有約》、《星的堅持》、《發現之旅》、《石與詩的對話》、《繭中語》、《生命樹》、《歲月星語》、《續行的腳印》、《故鄉之歌》、《台客短詩選》、《種詩的人》等，都收錄了大量的「祖國詩鈔」，頌揚祖國壯麗的山水、人文、古蹟，禮贊祖國血濃於水的同胞情，有如親人一般。讓我深深感覺到，台客不光是台灣詩人，我心中的「現代白居易」，更是我們中國的「愛國詩人」，我們都以生為中國人為榮。

台客在《續行的腳印》後記說：「做為一個詩人，我會堅持到底，絕不中途離席。希望往後每五年，自己都能繳出一張成績單，直到生命終止的那一刻。」啊！老友，你「天行健，君子以自強不息。」我以你為榮。

神州之邊陲、台北公館蟾蜍山　萬盛草堂主人**陳福成**　誌於
佛曆二五六五年　公元二〇二二年七月吉日

明朗健康中國：台客現代詩賞析

目次

第一章　《鄉下風光》：台客童詩欣賞

童年，是人生各階段中，最「真」的年代，甚至是「唯一真」的一個瞬間。過了童年，上了初中，再往後走，必然是越來越「失真」，與真的距離，就像以近光速飛離太陽系的「探險家號」。

這就是成人世界的真相，為何成人世界是如此的「失真」？如此的虛假？這個問題也許要寫一本十萬言論文，才能解釋一點道理。

但少數的成人世界也仍保存一些可貴的真，這種真有如地球上的「稀土」，只存在少數詩人作家體內。這便是中國文學理論中的「童心、童真」說，即詩人作家藝術家等，要保有童心童真的「赤子心」，才能寫出有真性情的好作品。證之中國文學史，能夠流傳千秋的作品，都是這類存「真」之作！而經常遊走於兩岸的詩人台客，正是在台灣地區少有的「存真」詩人。

台客的第一本詩集《鄉下風光：台客童詩集》（台北：葡萄園詩刊社，一九九三年二月）。或許是筆者年紀也不小了，前景不多，回憶很多，特別喜歡回憶童年，台客這本童詩內容和我的童年完全一致，好像就是我的童年詩記。他在北部鄉下成長，我在中部鄉下成長。

這本童詩集分六輯，有詩約八十首，分兩章略為賞讀簡述。在一、二輯裡，寫了很多童年時代的好朋友，有：麻雀、雞、鴨、鵝、火雞、貓、狗、青蛙、蟬、牛、蝸牛、烏龜、魚、蜘蛛、蝴蝶、蜻蜓、老鷹、燕子、白鷺鷥、水牛、螞蟻、螢火蟲、老榕樹等數十「童年玩伴」。賞讀〈鄉下風光：序詩〉。

到鄉下走一趟
鄉下真是好風光

小鳥兒跳躍在樹梢
鴨鵝散步草地上

還有很多知名不知名的小動物
出現的出現，隱藏的隱藏

到鄉下走一趟

鄉下真是好風光

很平易近人的鄉下美景，詩中有畫，「小鳥兒跳躍在樹梢／鷄鴨鵝散步草地上」，有如一個遠離現實世界的桃花源。其實這樣的世界，永遠都很吸引人，現代人有錢就到鄉下買個小別墅，就愛鄉下風光。賞讀〈狗〉。

精力充沛的
賽跑選手
為了鍛練體魄
追逐那些散步的鷄
主人趕出來
這下子又闖禍了

一幅可愛又積極的圖像，這隻狗雖經常闖禍，也只是和鷄玩玩，主人不明窮緊張。狗狗利用機會鍛練身體，準備參加比賽，誰都不知道，只有詩人懂狗語言。

另一首〈蝸牛〉。

雨後
蝸牛先生就出來散步
在陰涼的草地上
牠們一步一步
馱著一棟小小房子
慢慢的趕路

稱「蝸牛先生」，有眾生平等的意涵，表示人和蝸牛可以平起平坐。當然，兒童面對一隻蝸牛時，沒有這樣高的境界，但至少小朋友心中，蝸牛是可愛的玩伴。在現代都會中，小朋友要找這樣的「玩伴」，越來越不容易，可能很多小孩從未見過。一首〈燕子〉。

穿燕尾服的都市紳士

愛在鄉下蓋間別墅

春天，牠們悄悄的飛來
屋簷下，啣泥、築巢……

然後，悠遊的翱翔空中
展讀四月明麗的晚春

大約民國四十八年以前（或五十幾年前），窮人是土塊牆頂蓋茅草，有錢農家是磚牆頂蓋瓦片。燕子只會在瓦房屋簷築巢，絕不會在茅草屋築巢。因此，老人家都說，燕子來築巢，表示府上發家，會越來越富有，不能趕走燕子，更不能拆了牠的「家」。這首詩稱燕子是「都市紳士」，象徵富有應是真的。

賞讀〈白鷺鷥〉。

那一大片清澈的水田裡
三五隻白鷺鷥在漫步

這些可愛的鄉下舊紳士
牠們每位都穿一件潔白的晚禮服

當夜神拉下了黑白的布幕
牠們才展翼緩緩飛回住處

早期鄉下農村田園裡，白鷺鷥是一道道活動美景，不久農田大量使用農藥，加上嚴重的水污染，白鷺鷥就日漸稀少。再往後，環保意識起來了，在鄉下和都會公園，又見這些成群的「舊紳士」。這是六十多年來，我見證白鷺鷥的「死與生」，現在我每日早晨沿新店溪散步，都看到牠們美麗的身影。〈水牛與烏鶖〉。

大水牛在田地上吃草
牠背上是一塊天然的活動場

一隻烏鶖自天空緩緩而降
站在活動場上四處觀望

再飛下草地上奇怪的看著
這龐然大物在幹些甚麼？……

早期台灣農村鄉下，到處可以看到水牛，通常就有烏鶖、白鷺鷥等同伴，後來才知道牠們在食物鏈裡，有「共生關係」，所以會一起「用餐」。

這首詩並非從童心出發，「這龐然大物在幹些甚麼？」從烏鶖的心出發，看大水牛的質疑。而創作前提，是詩人先化成一隻烏鶖，從烏鶖的眼睛看世界。賞閱一隻〈螳螂〉。

拿著兩把大剪刀
身穿一件綠衣裳

是一位跳高選手
也是稻禾的保護者

盛夏，牠躲在稻田的蔭深處
不斷剪食著螟蛾、蚊、蠅……

——那些害蟲

小時候常捉螳螂來玩，印象中在花生田和地瓜田最多。「拿著兩把大剪刀／身穿一件綠衣裳」，詩人把螳螂「武裝化」，已然有了武士形像。牠本是勇者，不然何來「螳臂擋車」一語，雖不自量力，才會成為小朋友玩伴（物）。欣賞〈螢火蟲〉。

這可愛的守更者
夏天夜晚，牠們不睡覺
提著燈籠
到處去巡視——

森林裡小毛毛蟲們都睡著了吧
夜鷹也閤上了眼睛
哪來那些唧唧嘓嘓的響聲？
那是荷塘裡青蛙和蟋蟀在做大合唱
演奏著夏夜的安眠曲

這首詩在創作方法上有些「跳接」，其第二段看似與螢火蟲無關。但確是螢火蟲「提著燈籠／到處去巡視」，所發現的一個夜間熱鬧又安靜的世界。

童年夜晚最可愛、最喜歡的玩伴，不必走遠，就在自家門口廣場、屋旁四周，處處可見。後來絕跡了，近年聽有心人復育，只是在都會區依然稀有，現代小朋友無緣吧！〈小鳥兒〉之一。

小鳥兒，
東飛飛，西跳跳，
從早到晚不睡覺。

小鳥兒，真快樂，
一天到晚忙唱歌。

小鳥兒，站枝頭
你怎不飛下樹，
我們一起玩辦家家酒。

你唱歌來我伴奏，
叮叮咚咚唱一首，
小蟲兒們聽得笑呵呵。

笑呵呵，笑呵呵，
我們大家真快活。

讀起來最直接的感覺，像是一首兒歌（適合幼兒園到小四年紀），朗讀或譜曲均好，從頭到尾充滿可愛活潑的情境。小朋友的眼睛看世界，和成人不一樣。

在童心裡，不分彼此，與一切生命都可以平等溝通。所以能夠問小鳥，「你怎不飛下樹／我們一起玩辦家家酒……小蟲兒們聽得笑呵呵」，最後「我們大家真快活」。這便是小朋友的世界，沒有煩惱，只有快活！賞閱小朋友的遊戲〈殺手刀〉。

你有一把刀，
我有一把刀，
我們來玩殺手刀。

這樹是你們的堡，
那樹是我們的堡，
我們來個決戰別跑。

殺死了你可要乖乖到我們堡，
你喊救命——
我們偏偏不讓你逃。

你有一把刀，
我有一把刀，
我們來玩殺手刀。

讀來讓我想起那首流行的〈童年〉，「池塘邊的榕樹上……一天又一天一年又一年迷迷糊糊的童年」。因為童年只有快樂的玩，天天玩，所以很快童年就玩過了。不像成人世界，煩惱太多，度日如年。

據說童年就是一個玩字，在我那個時代，童年約在民國五十年前後，那時小朋友有很多團體遊戲。通常男女生遊戲不同，也有男女生一起玩的遊戲，如這裡的「殺手刀」，玩起來一定熱鬧極了！

感嘆的是，我等童年那些遊戲，早已失傳，現代小朋友，不論城鄉，聞所未聞，見所未見。這就表示，一個時代，甚至一個世紀已過了，我等已是阿伯，童年已是如夢如幻的回憶，且將越來越模糊……

第二章　童趣、童心、童年

《鄉下風光》的三、四、五、六輯，分別是童趣、童心、童年和附錄（譯詩四首、廖潔馨童詩兩首）。最末有台客一篇講他怎樣寫童詩，另一篇晶晶的讀後感。晶晶姊與筆者曾是「三月詩會」會員，幾年前她已移民到西方極樂國，她和台客也早有詩緣。欣賞第一首〈小魚兒〉。

小魚兒從來不必上學，
整天在水裡玩，
牠們的同伴可真多，
水池上小河邊到處游；
牠們爸爸媽媽從來
不喊牠們回家吃飯或洗澡，
當小魚兒真快樂。

這首詩似乎在說，天底下的小朋友每天都只有玩，最好都不用上學，這是小朋友的心聲嗎？應該有不少小朋友視上學為苦差事。因為上學不好玩，還要寫作業。最好媽媽也不喊「小明回家吃飯了」，就玩到天昏地暗，多好啊！另一首〈飛機〉。

天空有很多雲的家，
無聊的閒蕩著；
飛機是它們的客人，
老遠跑去拜訪。
可是雲的家太多了，
飛機迅速的
一家又一家
一家又一家
忙碌的拜訪著。

童年在鄉下，常看到飛機從天邊飛過，總是好奇！有很多疑問和想像。但像這首的想像力很特殊，想成飛機是雲的客人，這可能是有史以來童詩的唯一了。賞讀也很有想像力的〈蟬〉。

夏天太熱了，
小蟬兒們受不了，
ㄐㄧㄐㄧㄐㄧ的大哭著，
吵著媽媽買台冷氣機。
蟬媽媽被吵得受不了，
最後只好買了一台
冷氣機，那就是
秋天。

媽媽「買了一台／冷氣機，那就是／秋天」，這是詩人的想像力。間接暗示說，蟬叫了一個夏天，也把秋天叫來了。其實四季更替是固定的，夏天走了，秋天就到了，詩人借物轉境而已。一首〈小鷄〉。

肚子好餓，

小鷄們希望買些軟糖吃，
向鷄媽媽伸手要零錢。
鷄媽媽說：
「地下的蚯蚓是免費的紅軟糖，
希望你們努力尋找。」

趣味十足的擬人化，除了適合兒童（聽、看、念）。這首有兩個特色，一者把蚯蚓想像成一顆紅軟糖，形像和內涵都恰好，二者暗示鷄媽媽教子有方，利用機會教育孩子獨立覓食。人類的媽媽們要向鷄媽媽學習，不要什麼都幫孩子做，反而讓孩子失去獨立謀生能力。一首有意識的〈木瓜樹〉。

長高長高再長高，
怕金黃色的果實被小孩偷摘，
木瓜樹拼命長高，
讓小孩子伸手
摘不到

台客真是童心十足，寫這詩時已是不惑之年，仍有純淨的赤子心情，木瓜樹會有意識的長高，也是很奇異的想像。爬樹（遊戲或摘果等），都是童年生活的一部分，現代孩子只趴在電腦遊戲機前，不知該說他們可憐？還是精神心靈貧窮？

賞讀〈毛毛蟲〉。

毛毛蟲的名字，
叫毛毛；
毛毛蟲的全身，
長毛毛；
毛毛蟲愛睡覺。

樹葉，
是一張小床；
風兒，
輕輕搖幌；
睡在樹葉的搖籃裡，
毛毛睡著了

在午後陽光的林梢。

美化並童趣了毛毛蟲的世界，原本寂靜的日子，有了動態的美感，「風兒／輕輕搖幌」。而「樹葉／是一張小床」，鮮活的意象有更為具體的實物。

但這詩也有現實中的毛病，「毛毛睡著了／在午後陽光的林梢」。林梢是樹林的末梢，毛毛蟲不會在最高處築巢，在那麼高的地方，小朋友也看不到。只能說文學的「真」，和科學的「真」不一樣。〈驚鳥記〉。

爬上樹枝，
一不小心，
驚走一隻巢中幼鳥。

幼鳥摔跌地上，
躲進草叢，
驚惶的四望著。

母鳥趕緊飛來，

在樹枝上，
大聲啁啾著。

我彷彿聽到她說著：
「孩子，不要怕，
媽媽就在這裡。」

我彷彿聽到她喊著：
「孩子，不要怕，
媽媽正在找你。」

現代小孩聽起來像虛構的兒童故事，我看起來則是很真實的，童年幾乎天天在樹上玩。爬樹找鳥巢也是常有的機會。有一回，小朋友發現一個鳥巢，因我最會爬樹，爬上去伸手正要抓，一條小蛇從巢裡竄出，嚇壞了一大群小朋友。

台客這首詩，擬人化後加入了故事情節，讓人感受到牠們也有家庭生活、親子關係，如同人類一樣。對於啟蒙兒童愛護小動物，很有作用（功能），所以是很有教育意義的童詩。賞讀〈小蛇兒〉。

小蛇兒最不乖，
牠老是把身體吊在樹枝上，
搖呀搖的，
嚇小孩。

小蛇兒最壞，
牠老是伸長長的舌頭，
咻呀咻的，
嚇小孩。

小蛇兒，
我們不喜歡和你玩，
請你趕快走開。

依據科學家的研究，人類對蛇的恐懼心理，源自近百萬年的基因演化。換言之，從未見過蛇（實物和圖像均未見過）的人，第一次看到一條真蛇，就有恐懼感，這是自然演化的結果，無關膽大膽小。

這首詩淡化了人類天生對蛇類的恐懼感，而直接的反應兒童心理，不喜歡就是不喜歡，請你趕快走開。這便是童真，兒童的真情世界，永遠是真實的、誠實，不會騙人。欣賞一首農業時代的〈小溪〉美景。

踩著蜿蜒的腳步
唱著嘹亮的歌聲
小溪像一位快樂的旅行家
悄悄拜訪我們的村莊

它帶來了豐富的寶藏
魚蝦成群悠游水面上
蚌殼蛤蜊棲息在水底
花草樹木滋潤著茂密在兩旁

它帶來了豐富的寶藏
清澈水質是稻子最好的飲料

晨起，婦人成群在此浣衣
夕暮，農夫耕畢來此濯足

它帶來了豐富的寶藏
大水牛來此沐浴清涼
頑童裸身躍入它的懷抱
鴨鵝泛舟水面上

啊！那是一段快樂的童年時光
鄉居，盛夏，蟬兒高鳴的季節
白頭翁鳥飛掠在枝頭
不知名的野花開滿了山坡

啊！那是一段快樂的童年時光
在人生成長的道路上
故鄉，不知名的小鎮，感謝你
那一條潺潺流過清澈的小溪

整齊的六段二十四行詩，詩中美景大約是我小學時代（民54年前）。那時的台灣地區，多數田野尚未受到污染，尤其溪流小河清澈見底，水牛、農夫、婦人洗衣、小孩玩水、魚蝦悠游，共成一個和諧共生的世界。

民國六十年後，所謂「經濟起飛」，環境很快受到嚴重破壞。說實在，現在台灣要找一條小溪，「魚蝦成群悠游水面上／蚌殼蛤蜊棲息在水底」「婦人成群在此浣衣／農夫耕畢來此濯足」「大水牛來此沐浴清涼／頑童裸身躍入它的懷抱」。還真是找不到，現存的，只有比髒！比臭！比亂！環保經費全入了政客口袋。

就詩論詩，〈小溪〉一詩已超越童詩，而有中國傳統的田園詩派風（如謝靈運、陶淵明），也有濃濃的山水田園味（如王維、孟浩然）。所不同者，古代的山水田園詩創作，都有共同的心理狀態，即逃避現實，擺脫塵俗，在大自然中追尋一個理想世界。

而台客的山水田園詩景，沒有要擺脫什麼！而是描述一個「現存的理想世界」，回憶一段童年的快樂時光。於暮年思之，那個世界已滅絕了！那個時代過了！再回憶〈演布袋戲的男孩〉。

仲夏的黃昏
太陽剛入山休息

鄉居一處古井旁
散步著幾隻覓食的鷄

一個七八歲的小男孩
如常的他又來
搬出一只大紙箱
拿出幾個破木偶

以古井做舞台
以藍天當布幕
小孩子好像大師傅
兩手揮舞表情專注

口沫橫飛
喃喃自語
一場精采的布袋戲
觀眾是散步的幾隻雞

小時候最愛過節，印象中年頭到年尾都有各種節慶。不管什麼節，村頭都有好幾個戲台，有布袋戲，有「做大戲」（台語發音，就真人演出的歌仔戲）。全村熱鬧非凡，最快樂的就是小朋友，有吃有看。

現在的野台布袋戲不是演給人看的。我家附近（台北公館）山邊有個土地廟，每年仍有「謝神」活動，我幾次經過看到，廟前小戲台演布袋戲，下面無一觀眾，因為是演給神看的。

《鄉下風光》第六輯，有兩首真正小朋友作的童詩，是鶯歌國小五年五班廖潔馨（判斷是台客的女兒）。屈指一算，現在應是四十歲了，欣賞她小五的作品〈月亮〉。

月亮像一個月餅，
有時又大又圓，
有時有缺口；
是被天狗吃了？
還是嫦娥姊姊咬一口？

我讀小五（民53）和廖小朋友讀小五（民82），隔三十年，我讀小五時對月圓缺原因和嫦娥有無，完全是「莫宰羊」狀況，不知道廖小朋友當時的知識領域如何？這詩也代表他的想像空間。另一首〈春天〉。

它穿一件綠花衣裳，
由山坡上慢慢走來。
小鳥在長滿新芽的樹上唱歌，
毛毛蟲變成了一隻隻的蝴蝶，
在花園裡跳舞。
杜鵑花開了，
茶花也開了，
田裡的蝌蚪也變成了青蛙，
向我嘓嘓嘓叫著。
春天真像一個天真活潑的小孩，
在青青的草原上奔跑。

一幅鮮活的春天美景圖，不僅是動物活生生，植物也新生開花。春天本來並非具象，現在具象成一個「天真活潑的小孩」，也頗有童趣，也懂得布局構思，不知她長大後是否繼續創作？或者早已改行了！

第三章 《生命樹》與生命的贊頌

台客的第二本詩集《生命樹》（台北：葡萄園詩社，一九九三年三月）。書分四輯，共約九十首詩，按詩人所述，前三輯是停筆十二年後再出發的新作，第四輯是早期舊作。書名取「生命樹」，乃對生命之禮贊、頌揚、反思，表達感恩之情，如台客在〈自序〉中說，「出自內心真誠的反省來寫詩」，「自有其存在的價值」。

《生命樹》有兩位前輩詩人提序，文曉村和謝輝煌，文老是《葡萄園》詩刊創辦人，也是筆者加入《三月詩會》的介紹人，對筆者詩作文老也曾有所指點鼓舞。另一謝老，也是《三月詩會》會員，曾有幾年共研詩藝時光。可感嘆，二老在幾年前都已移民西方極樂園。

如何欣賞這棵枝葉花果茂盛的「生命樹」？緣於對生命傳承的感恩和贊頌，本章以人物為主包含致文曉村、聆聽證嚴法師演講及寫父母妻子的作品。下章選輯三〈變動的鄉愁〉和輯四〈土地〉，部份詩作賞析。賞讀第一首〈牛—致文曉村〉。

不崇高尚
不慕虛華
我只是默默的守著
這片土地
拖著犂，一步一步
往前邁進

風吹過來
雨襲過來
再嚴寒的冬天
我都不在乎
我仍一畝一畝的
繼續耕耘

沒有埋怨
不會嘆息
讓我的赤足

再次踩遍
這肥沃的
大地

後記：文曉村默默耕耘《葡萄園》詩刊，三十年有成，特以此詩贈之。

文曉村（一九二八－二〇〇七年），河南省偃師縣甄家莊人。一九四四年青年從軍，歷經抗日、內戰、抗美援朝，再到台灣，最終成為一個可敬的詩人，於一九六二年與朋友創辦《葡萄園》詩刊，以「健康、明朗、中國」為該刊宗旨，彰示在每期封面。

如果要用最簡潔的一句話，來形容或統理文曉村的一生，相信「中國當代愛國詩人」之名，不僅名實相合，他更是拿筆拿槍都行的「雙料愛國詩人」。可惜的是，文老於二〇〇七年取得西方極樂國簽證後不久，接編《葡萄園》詩刊的主事者，竟將「健康、明朗、中國」宗旨刪除，令人不解與憤怒。

如果不同意該刊宗旨，大可自行另創詩刊，不必搞這種「篡竊」把戲。讀台客的〈牛〉，不能不對此事有所批判，否則人世間尚有正義乎？

台客詩作善於比喻、反諷，有隱有顯，這是文老和謝老都曾贊譽過的。〈牛〉

一詩，不僅形像而且具象十足的文曉村，可謂完並寫到文老經營《葡萄園》詩刊的實況。大家都知道辦詩刊是虧本生意，一九六二年文老一窮二白，如何維持？可見其艱難，若無「牛」精神，老早關門了。賞讀〈法雨：聆聽證嚴法師演講〉。

一場法雨
沛沛然
灑向人間
灑向每張
孺慕者的臉龐
久蟄的心花開了
一朵兩朵
千朵萬朵
千萬朵心花開在蓮池中
盡情享受著法雨的滋潤

一九九二年十一月十二日。晨於聽完演講後寫聽經聞法，是淨化身心靈最好的辦法。由於紅塵實在太髒、太黑、太亂，難怪佛說這是「五濁惡世」。而人的欲望太多，絕大多數悟性太低，因此需要「法雨」洗一洗，才會比較像個「人樣」！

幾個老友，台客、彭正雄、吳信義、吳元俊和筆者，曾相約到佛光山參加佛學營，感覺很有收穫，氣氛很好。未來若有因緣還想去，住久一點更好。賞讀幾首很感人的詩，寫自己的父母辛苦形像。〈阮老母〉。

堅持尿液是最營養的飲料
阮老母
堅持尿要撒在自家的尿桶裡
堅持尿液是最營養的飲料
阮老母
堅持尿要澆在自家的菜園裡
佝僂著背
阮老母

擔著沉重的飲料
一遍又一遍地走向菜園

我們就是那菜園裡的菜
在她細心澆灌下
不斷地成長

終於不需要再澆灌了
阮老母
她的背越來越佝僂

一遍又一遍的呼喚「阮老母」（台語發音），表示對媽媽感念至深。有些情節現代年輕輩可能看不懂，尿為何不撒在「馬桶」，撒在「尿桶」？早年農家廁所在屋外，通常在寢室角落放一尿桶（木製），晚上尿尿就不用出門。而不論房內外，大小便都會集中起來，澆菜或當成肥料，台客的老母就是典型農業時代勤勞的婦女。

這首詩也是農業時代的象徵縮影，那個年代的人是這樣生活。現在，「擔著沉重的飲料（尿）」，這樣的形像，已經「絕版」，永遠絕跡了。另一首〈走過歲月——致母親〉。

無休無止的歲月
從您的身上走過
走過風走過雨
走過灰褐的年代
歲月是一把刀
悄悄的在您身上雕刻
刻您深陷的額
刻您蒼白的髮
刻您再也無法行動的一雙腿

老了，一株母樹曾經如此繁茂
育九個孩子，在您慈祥的天空
一隻母雞帶九隻小雞
在鄉下的一個農村

艱苦的覓食
歲月默默侵您
當孩子一個個長大
像鳥兒展翅高飛
獨留下您，孤獨的一個老人
端坐輪椅，看一抹斜陽，在天邊
悄悄的西墜

歲月「從您的身上走過」。這個「歲月」活像一個人，從人的身上走（踩）過，暗示歲月無情，「歲月是一把刀」，在人的身刻、刻、刻，明示歲月的殘酷。尤其用在媽媽身上，是刻骨銘心的痛！

詩的收尾也甚為感傷。「端坐輪椅，看一抹斜陽，在天邊／悄悄的西墜」，這雖是人生黃昏的實景。但斜陽很快就「西墜」，幾分鐘後就不見，暗示老母已走到人生的盡頭，怎不叫人感傷？台客思念自己母親，讓我也想念媽媽，我們現在竟也是老人家了。另一首〈阮老爸〉。

讓歲月擊傷的

阮老爸
不知什麼時候起
領到做田人的畢業證書

無力再犁田了
卻愛站在田邊看人犁田
無力再播田了
却愛站在田邊看人播田

即使坐在田埂上
茫然地點燃一根煙也是好的
不然隨意地拔幾根草
嗅嗅泥土的芳香也是好的

讓歲月擊傷的
阮老爸
如今連那張畢業證書都領不動了

那一張萎黃的畢業證書

一個傳統「做田人」的形像，他一生都在耕田播田，沒有週休二日，通常連休一日也沒有，全年度都是「日出而作、日落而息」。如果有水田種稻或其他，三更半夜也常要「巡水」，各家農田輪流進水，筆者是末代知道這種事的人。

台客的老爸是傳統農業社會的「做田人」，一輩子和土地為伍，所以情繫土地。「站在田邊……嗅嗅泥土的芳香也是好的」，淺白的文字中，意涵著深厚對土地的感情。台客不愧被美譽為「現代白居易」，更是文曉村「健康、明朗、中國」的傳人。我以有這樣的詩人好友為榮，再一首〈樹的戀曲：給妻〉。

妳我是赤地上的兩顆樹
相偎相依，十五個年頭
在我懷裡有妳的枝葉
在妳懷裡有我的根鬚
我已分辨不出
哪一片葉子是妳
哪一條根鬚是我

啊啊！都無所謂了
明天，我們還要繼續擁抱纏繞
擁出更多的枝葉
纏出更多的根鬚
用翠綠的花轎迎接鳥語
用金黃的手杖點醒大地

台客夫妻是詩壇上少有的夫妻檔，夫人也善長繪畫（國畫），《生命樹》精美插畫就是出自她手筆，詩集也等於是二人合集。夫妻伉儷情深，難怪有如此纏綿的情詩，「在我懷裡有妳的枝葉／在妳懷裡有我的根鬚」，現代版的「妳儂我儂」。「擁出更多的枝葉／纏出更多的根鬚」。擁抱纏繞又已過了三十年，相信他們早已枝葉茂盛，根鬚伸向四海，兒孫滿堂才是。當他們兒孫的兒孫，看到二十三世紀的太陽時，還會知道有個先祖叫台客，是一個詩人。

本章以人物為主題，屬於懷念和感恩。詩人的父母妻是《生命樹》的共同體，台客之人純樸、詩純真，才有如此真性情的作品，才能感動人，與人共鳴。

古人言「千古文章，傳真不傳偽」；又說「詩是心聲，不可違心而出，亦不能違心而出。」從台客詩作，都得到印證。

第四章　時代的鄉愁、變動的鄉愁

《生命樹》第三輯〈變動的鄉愁〉，此鄉愁非離鄉背井之鄉愁，更非一九四九年來台後有家不能歸的鄉愁。台客是本省台北縣人，頂多是當兵或讀書（成功大學），到了外縣市，小島就這麼點大，無論在哪一縣市，三五個月都能回家，何來鄉愁？

「變動的鄉愁」是時代變遷的記錄，大致是台客從青年到中年所見，台灣農村社會受到現代經濟發展的衝擊。時間約在二十世紀中葉以後，很多農地因國家需要改各種用途而被征收，甚至被有錢商人收購。隨著開發而來的，是各種嚴重的破壞。

詩人的心柔軟又敏感，眼看著家鄉「山河變色、一一淪陷」，能不愁乎？所以台客之鄉愁，愁家鄉之「變色」。這是時代的鄉愁，一整代人的愁。賞讀第一首待價而沽的〈農地〉。

牛群不來
三月的春風吹醒了
成群的野草
吾鄉那片農地
寂寞地張望著

麻雀飛起
一整個夏季
漫無目的地嬉戲
吾鄉那片農地
無奈地注視著

（那些愛幫我們
梳理身上的犁
整個夏季都藏在哪裡？
那些愛唱歌的
金黃色的流水

整個夏季都跑去哪裡？）

一輛黑頭仔車猛的剎住
兩三個中年人的大肚皮
晃盪著一整口袋的鈔票
啊啊！吾鄉那片農地
是一張張待價而沽的賣身契

通常農地被徵收或賣出前，可能已「廢耕」多年，所以才詩說「牛群不來、成群的野草／吾鄉那片農地／寂寞地張望著」。當然，廢耕的原因可能很多，如污染、缺水或人力不足，都是很普遍的問題。

傳統農業社會裡，農人絕少賣地，賣地都是敗家的行為，或萬不得已才賣。但到了農業時代的末期（也是末日），變成不賣不行，尤其可惡的資本家壓低價格買走農地，透過官商「合作」變更都市用地，官商各獲利不盡，農人欲哭無淚，而詩人的愁，如東流江水。一首〈小河〉是地球共同問題。

閉緊眼睛的

吾鄉那條小河
又在幽幽嘆息了

陽光閃耀，野草孳長著
那成群愛悠游的魚小弟
跑到哪裡？
那些挺著大肚皮
愛洗泡泡浴的牛大哥
如今，去了哪裡？

微風輕吹，陽光依然閃爍著
只是它寶藍色的衣裳
潑滿了太多的黑墨汁
一隻老鴉在天空盤旋
連風兒也不願逗留
悄悄迅速地穿河而過

閉緊眼睛的
吾鄉那條小河
又在幽幽哭泣了

台客詩作善於比喻，更善於擬人化，在前面各章詩均可見。〈小河〉也有巧妙的擬人化，「閉緊眼睛的／吾鄉那條小河／又在幽幽嘆息了」，小河成了活生生的人，有眼睛、會嘆息、會哭泣！

陽光也似人「它寶藍色的衣裳／潑滿太多的黑墨汁」。風兒也有人的意識，「也不願逗留／悄悄迅速地穿河而過」。因為小河沒水了，或有水也是臭水溝。

曾有專家做過統計，在一九五〇年地球上存在的溪流，到本世紀初，百分之九十都已不見了（消失或無水）。少數存在的，也絕大多數受到破壞或污染。很難理解，全人類都在破壞自己的居住環境，身為詩人的，愁啊！再一首〈青山〉。

沉默了數千年
吾鄉那座青山
不停地呻吟著

挖土機這文明的怪物
粗魯地怒吼著
揮舞著它的鐵臂

一次又一次插入
攫起，它鮮黃的肉
它仍硬挺的骨頭

一座座龐然的工廠
站起，在它受傷的腰部
又以水泥緊緊裹住
受創的傷口

沉默了數千年
吾鄉那座青山
深沉地哀號著

〈青山〉和〈小河〉的創作方法一樣，青山擬成一個活生生的人，有血有肉，所以被人類「挖土機這文明的怪物……一次又一次插入」。這「插入」二字意象驚悚，就是受到嚴重傷害，青山才「不停地呻吟著……深沉地哀號著」。大家都聽不到，只有詩人聽到。

是公權力和資本家聽不到，還在無限制開發。於是，山崩、走山、墜石、土石流……無數災難，天天在地球上發生，死一堆人。死人太少，媒體還不報，世界越來越顛倒。詩人，愁啊！賞讀〈牛隻〉。

牛隻走了
牠們也悄悄
把我的童年載走

騎在牛背上
我每天唱著一首
蒼茫的晚歌

那是你們不會懂的

我的小兒子問
你是否在講古？
你是否在講古？
我的小兒子說
牛，我們書本上也有

牛走了，也悄悄「把我的童年載走」。牛把人的童年載走，象徵詩人童年和牛隻是好朋友，在那個年代，牽牛吃草、騎牛，幾乎是農家生活的一部份。

現代都會區長大的人，幾乎都是「天天吃猪肉、從未見過猪走路」，因為都只在書本上看。我曾碰到一個幼教老師問：「花生樹有多高？」我說「花生不是樹」，她又問：「不是樹是什麼？」……一首〈猪舍〉。

六畜興旺
每年過年
我們把燙金的紅聯貼在猪舍裡

空盪盪的猪舍
蜘蛛們掛著網
生銹的農具繁衍一些生銹的記憶

（那年，一個淒風若雨的冬夜
豬舍那隻母豬一連生了九胞胎
阮老母徹夜守候的心情
就好像服侍她大媳婦的第一胎）

六畜興旺
每年過年
我兒子不知道把春聯貼在哪裡

詩透過「猪舍」具體的空間，表達對一個舊時代的消失，淡淡的感傷。「空盪盪的猪舍」，大家都不養猪了，「生銹的農具繁衍一些生銹的記憶」，表示現在大家也不耕田種地了，時代變了！母親守候猪生產的情境，都成為一種回憶。

詩人也透過「六畜興旺」製造笑話。以前米缸要貼「滿」字，猪舍或雞鴨牛舍要貼「六畜興旺」，曾有一則笑話，小孩竟把「六畜興旺」貼到父母臥室。賞讀〈祖厝〉。

祖厝仍然站著
像一位老態龍鍾的阿公
孤獨地站在夕陽裡

新娘子來了
全家人都到齊了
站在大埕上
和祖厝合照一張相吧

新娘禮車駛走了
全家人都陸續走光了
剩下祖厝一個
冷清清地站在夕陽裡

眾生之中，人類天生有比較濃厚的鄉愁，如對出生地、父母居住地、童年久住地，有一種眷戀感，這是「基本鄉愁」。若再上昇，對祖國、本民族、先祖發源地，有強烈的認同感，這是「高級鄉愁」。若再上昇，追尋人生終極家園（宗教上的理想家園），這是「終極鄉愁」，後續相關章節再述。

〈祖厝〉一詩之意涵，也幾乎是每個人一生中會碰到的情境，對出生（身）地之寞落，多少有些感傷。（何況，孫悟空也偶爾眷戀起他的花果山。）身為人，若完全沒有鄉愁（祖先、祖國都不要），那只能說，那是非人類，禽獸不如吧！賞讀〈大灶〉。

終於被拆了
那口大灶
阮阿公辛辛苦苦砌的

終於被拆了
那口大灶
阮老母天天煮的

終於被拆了
那口大灶
像一位身材臃腫的老阿婆
阮阿兄講伊太佔地

終於被拆了
那口大灶
怎麼仍有裊裊的炊煙升起
自我記憶的煙囪

筆者大約十三歲前，家中仍用傳統大灶（竈）煮飯，常幫媽媽燒火，所以我對這種大灶，與台客有相同的記憶。都是童年生活的一部份，終生也難忘。

以灶為背景的詩，最著名是劉半農（劉復，江蘇江陰人，一八九一——一九三四年）的〈一個小農家的暮〉，「他在灶下煮飯／新砍的山柴／必必剝剝的響／灶門裡嫣紅的火花／閃着她嫣紅的臉／閃紅了她青布的衣裳……」。用字淺白，詩中有畫，寫的是傍晚農家樂事。

古今相互輝映，但兩口灶的意象不同。劉半農的灶，是農家樂的情境，類似田園詩風格。而台客的灶，象徵一個時代的結束，有濃濃的鄉愁。賞讀〈名字〉。

像你的我的名字
那個名字
我們天天叫它

嘲謔似的叫它
輕視似的叫它
不在乎似的叫它

直到那個名字
勇敢的
消失
在一個暴風雨的夜晚
我們才真正想起它
我們哀惋地叫它

我們悔悟地叫它
我們摯敬地叫它
那個名字
在我們口裡
越叫
越響

這首詩讀第一回不怎樣，讀第二回有些心酸，第三回是心痛。老詩人謝輝煌在讀後感說到，「只喪過父母、配偶、朋友，或做過遺民或殖民地子民的人，讀到這首詩，一定有很大的感受。」為何要等死了人才有感受？

或許這是人的「劣根性」，凡是眼前存在的都視為當然，有人珍惜陽光和空氣嗎？非要等到有一天，那黑色的日子降臨，在告別的現場，才猛然驚醒，才把那「名字」「越叫／越響」。人都是這樣嗎？有沒有例外的？

這首詩有所隱隔，字雖平易，意涵深遠。文字以外藏著不能說、說不出口的秘密，只能意會，難以言說。但多讀幾回，你便能自行「解密」，這是〈名字〉一詩的成功之處。

第五章 《故鄉之歌》情無限

台客的第三本詩集，《故鄉之歌》（台北：葡萄園詩社，一九九四年八月），共有六輯。書前有文曉村的頌詩，「流浪者在天涯／懷鄉是一杯苦澀的酒／相對於生在故鄉／長在故鄉／為故鄉而歌的歌聲中／自有更多的溫馨與甜蜜」。文曉村的落款日期是，一九九四年七月七日。按文老詩述，台客在台灣土生土長，這本詩集有不少「故鄉之歌」，多溫馨和甜蜜，無苦澀的鄉愁。

書前另有王幻和金筑所寫算是序文。如今文老、王老和金老，三位《三月詩會》三大老，早已移民西方極樂國多年，過著「無有眾苦、只有眾樂」的快樂生活。但也叫人感嘆，一九四九年前後來台的前輩們，幾乎都快走光了。下一波要走的人，是「戰後嬰兒潮」代，一代代人來，又一代代人走了，這是自然大法則。

本章賞讀詩人的「故鄉之歌」，下章選讀有關兩岸的詩作，那是兩岸開放不久的大陸行感懷，有悲有喜。第一首〈飛鳥〉。

大自然的歌手
我讚頌你們
在陽光下，在細雨中
你們快樂的歌唱
在田野間，在樹叢
你們快樂的歌唱
不爭名，不逐利
覓食、成長、繁殖
大自然給了你們一切
你們也給大自然增添光采

會讚頌鳥兒「你們快樂的歌唱／不爭名，不逐利／覓食、成長、繁殖」的人，他必然也同屬這樣的人，這是「同類」心靈交流。詩人是世間最真誠的人，因為詩人不真誠，便寫不出可以和人有共鳴的作品。

認識台客多年，只見他快樂寫詩，到處旅遊，不爭名，不逐利，自由自在「覓食、成長、繁殖」。一個「快樂的現代白居易」，一首〈泥土〉。

萬物之母的泥土呀
您恒靜默
任人挖掘、蹂躪
只要對您有一絲絲善意
您恒報答以果實
您養活我們
也撫慰我們
當有一日倒下
我們都將躺入
您的懷裡
默默安息

老詩人王幻稱這首詩最大的特色，在於詩人對「泥土」那種深厚的感情，所散發出來的芬香。也可以說「詩如其人」，就像作者一樣的純樸無華，一付老實人相。

確實，台客成長於鄉土農村，他確實有「泥土」的形像和本質。所以，他的人、他的詩，「純樸無華、一付老實人相」，他是真老實、真誠！〈冬日墓園〉。

一切的記憶都已
隨風逝去
在這深沉的冬季裡
空氣間瀰漫著冰寒
早晨的陽光懶懶
寂靜的墓園裡
野草漫長著
滿山的芒草花
像千萬隻招魂幡
搖響空寂的大地

一切的記憶都已
隨風逝去
在這荒蕪的地底下
一群人正靜靜地安眠
在幽暗的地底

他們正沉沉睡去
沒有愛，也記不得恨
只任孤獨與寂寞掩蓋
一坯黃土，黃土前
幾隻蒼白的蠟燭

蕭瑟、寂寥與無邊的蒼涼
啊啊！這冬日的墓園
懷著一份憂傷
我獨自在此徘徊
默默凝視著地面上
逐漸模糊的碑石……
一隻山雀自眼前匆匆掠過
窸窸窣窣，不遠處，一群人
正忙碌挖掘著，啊！原來
墓園又來了新的宿客

一九九三年十二月廿二日

傳統農業社會裡，人死後都是土葬，所以通常在鄉村外圍不遠處有「墓仔埔」（墓園）。有一首台語歌〈墓仔埔也敢去〉（葉啟田唱、郭大誠詞、林禮涵曲），極為流行，幾乎大家（戰後嬰兒潮代）都會唱。

詩人在〈冬日墓園〉裡說了什麼？看見何樣景像？第一個層次，詩人似乎透過墓園在向世人「講經說法」。講的是宇宙人生大法的實相，一切都是無常，一切遲早都要隨風逝去，應該以平常心看待生死。

但能以平常心看待生死的人，畢竟不多也不容易，除非很高的修行者，因為人的感情、欲望、執著都很難全部放下。所以這首詩也頗為感傷，「只任孤獨與寂寞掩蓋／一坯黃土，黃土前／幾隻蒼白的蠟燭」。當然，人死了沒有孤獨寂寞，這是詩人的心境，甚至感覺到眾生都是「千山獨行」。

詩的最後也有所暗示，「一群人／正忙碌挖掘著，啊！原來／墓園又來了新的宿客」。暗示任何人都可能隨時去報到，是誰？不外就是你我他她！賞讀一首〈街頭的布袋戲〉。

街頭的布袋戲
高音量的分貝

像歇斯底里的痟仔（註）
不停的發出吼聲
企圖吸引路人的注意

幾仙布偶在檯面上
賣力的演出
空蕩蕩的戲棚下
除了裊裊香煙
只有默默不語的神明

一九九三年七月十七日

註：痟也，台語，瘋者的意思。

「幾仙」，此「仙」並非神仙的仙，在布袋戲裡是稱布偶的單位。有一仙兩仙（台語發音），即一個兩個的意思。時代巨輪滾到一九九〇年代，傳統的布袋戲（野台演），早被現代影視壓得死死，所以沒人看了，都只「謝神明」，演給神明看的。

賞讀〈池魚〉。

困於這一方小小的水域
行動，無非是繞著圈子
覓食，無非仰賴主人的施捨
三江五湖，澎湃大海
聽說那兒的景色
如何的壯麗
我卻無緣目睹
只能每天繞著池邊，做一次次
無可奈何的打轉
吃著施捨的食物
望著越來越少的池水
而發愁

一九九四年四月二十八日

佛經的《金色童子因緣經》有一首詩偈，「寢宿過是夜，壽命隨減少，猶如少水魚，斯何有其樂。」比喻人生，過一天就少一天，如水少的池中魚，不久水乾了就是死期。詩意在警人愛惜光陰，善用時間，分秒不可浪費，活出有貢獻、有價值、有意義的人生。

台客〈池魚〉，亦如佛經中這隻少水魚，「望著越來越少的池水／而發愁」。台客有如是悟力，勤於筆耕，是一個勤勞的人。賞讀〈舉重〉。

數十年的血汗
在此
一舉

沉甸甸，桿子兩端的鐵餅
像兩坐無法撼動的山嶽
而您是唯一的大力士
想要超越記錄——

蓄勢、就位

俯身、弓腰
關鍵性的一刻
全場觀眾摒息……
彷彿是一世紀的等待
又似乎僅僅是一瞬間
您的兩隻手奮然舉起
像一道閃電劃破天空
撐起了一整個宇宙
在如雷的掌聲中……

一九九三年十月廿三日
於桃園區運舉重場上

這首詩的吸引人，在氣氛的描述，文字上沒說參賽者是否破了記錄？也沒說拿第幾名。但從氣氛和氣勢看，「您的兩隻手奮然舉起／像一道閃電劃破天空」，這是「雷公」打雷的氣勢，是宇宙中強大的力量。

果然，「撐起了一整個宇宙／在如雷的掌聲中」。雷公出戰必是大勝，回到現實，詩人一開始也已經暗示了，「數十年的血汗／在此／一舉」。有了數十年的功力底子，成了「唯一的大力士」，他當然就是唯一的冠軍。賞讀〈鴿籠屋〉。

土地太少
人口繁殖太速
我們不得不被趕進
鴿籠屋

豆腐般切割整齊
小小的一棟棟鴿籠屋
以鋼筋、水泥
澆灌而成
大都市、小鄉村
野草般迅速蔓延

森林般四處聳立
唔，據說我們的人口
大幅成長，經濟早已
快速復甦

上不著天
下不著地
小小的一棟棟鴿籠屋
層層疊疊
好古怪的
一堆積木
螞蟻般的我們
進出其間
請鐵將軍幫我們
把守大門
讓電梯當我們
上下翱翔的翅膀

規規矩矩的
每天下蛋、孵卵、下蛋
唔，據說，據說
生活也蠻舒服

土地太少
人口繁殖太速
我們不得不被趕進
這小小、窄窄
蜂巢般的鴿籠屋
每天到洋台上
撫著鐵窗
做一個又一個
廣闊天空的美夢

一九九三年二月八日

三十多年前，吾有一友住苗栗鄉下，獨立家屋，前後左右不是果園，就是花園。友人未曾來台北，有一回到訪寒舍，住一晚問我：「台北人都住這種鴿子籠，能住人嗎？」我答說：「不住怎麼辦？」

我記得，高中時的地理課本（約民國五六或五七年），台灣人口好像一千萬出頭，全球二十多億。但才五十年，台灣人口已兩千三百萬，真的「野草般迅速蔓延／森林般四處聳立」「我們不得不被趕進／這小小、窄窄／蜂巢般的鴿籠屋」。真是不得已，能有「陽明山別墅」，誰也不想住鴿籠。

何況台灣土地早已不是三萬六千平方公里，因土地下沉，海水倒灌，很多沿海地區已沉入海底。二〇一九年時科學家已警告，到本世紀末台灣將全部沉入海底，只剩中央山脈一點點浮在海面上。（詳見當年八月三十一日各報導）那時鴿籠屋都不在了，也沒了統獨之爭。

台客的詩是一個「現象描述」。據說，全世界各都會的市民住屋，台灣面相最醜，又據說全世界住家，台灣房子最多鐵窗鐵門鐵罩，市容最難看。因為台灣小偷騙子最多，世界聞名，詩成為一種未來「歷史證據」。一首〈電視中觀相撲〉。

是兩隻牛蛙
在那邊相爭？

是兩頭笨象
在那兒相鬥？
是兩團肥肉
可笑的擠成一團？

一種變形的日本文化

用名和利做誘餌
把人餵成了猪
然後在眾目睽睽之下
放出柵欄
看，兩隻裸體的猪
互相推擠著、纏鬥著
一種醜陋的日本文化

一九九四年元月二十五日

說到小日本鬼子，我和台客不約而同就生大氣，詛咒倭人列島早日沉入太平洋底，令這「大不和民族」亡種亡族亡國。二〇二三年五月間，全球最夯的話題正是，美國大資本家的一句話：「日本將不復存在」。

日本文化本是一千多年前從我們中國傳去。但奇怪的是，什麼優良文化傳到日本都變質，例如中國佛教傳到倭鬼手上，出家人變成可以娶妻生子、吃肉喝酒，真是太邪惡了。日本人是地球上的劣種，早早令其滅亡，這是我一直在宣揚的事，本世紀內消滅倭國，是中國人的天命。

第六章 兩岸：有一種跪下來俯泣的憂傷

台灣在沒有「綠色恐怖」之前，做一個「堂堂正正的中國人」，可以說「不是問題」，大街小巷都在唱〈龍的傳人〉。大家都知道，自己是炎黃子孫，是中華民族的一員，身體裡流著中國人的血液，中國人的基因，我們是台灣省人也是中國人，本來如是。如同各省，四川人也是中國人、福建人也是中國人，這是我這一代人的共識，永遠不會成為「問題」。

曾幾何時，從大漢奸李登輝開始搞台獨，到陳水扁等，接續三十多年「去中國化」，用「冷水煮青蛙式洗腦」和「綠色恐怖」，雙管齊下。現在除了老一輩人敢自稱「中國人」，年輕輩大多變質了，同一家人已不同國人，更是很多家庭的傷。可見得，政治多可怕，政治會使人不認父母、背叛祖宗、祖國，真是可怕極了，台灣人的「共業」，可怕又沉重！

台客和筆者是同一代人，沒有「認同危機」，他主編《葡萄園》詩刊二十年，《葡萄園》宗旨就是「明朗、健康、中國」，本書也以此為書名。他是貨真價實的

「台灣人也是中國人」，並以生為中國人為榮。

在《故鄉之歌》第三輯〈兩岸〉，就是兩岸開放早期，台客的大陸行所寫的詩作。經過半世紀的兩岸封閉，終於開放了，一個土生土長的台灣人，要到祖國看看，內心多麼激動、期待、五味雜陳，〈在飛機上〉。

轟隆隆，劃破天際
飛機像一隻大鳥
翱翔在萬里的晴空

在飛機上
倚著機窗外眺
白雲朵朵
凝聚成一座
虛幻的海洋

再往下望
風吹開的雲隙間

筆直的公路像一條細線
彎曲河流如一條彩帶
那一大片青青的麥田
只是一塊小小的綠毯

飛越過，飛越過
無數的高山與湖泊
無數的森林與草原
一大片一大片
祖國美麗的山河

我們來了
懷著詩歌的情
帶著詩歌的愛
從小小的島上飛來
將投入您的懷抱
傾訴無止盡的衷懷

轟隆隆，劃破天際
飛機像一隻大鳥
翱翔在萬里的晴空

一九九三年八月十五日　於香港飛北京途中

這年台客四十初頭了，應該就是第一次去大陸。對於土生土長在台灣的詩人台客，四十年來沒有機會踏上祖國的土地，這是多麼遺憾的事，也是人生最大的缺陷，然而現在機會來了。

「一大片一大片／祖國美麗的山河／我們來了／懷著詩歌的情／帶著詩歌的愛／從小小的島上飛來／將投入您的懷抱／傾訴無止盡的衷懷」。就像孩子投入母親的懷抱，那樣的情是一種血緣親情，中國傳統倫理的深情，筆墨難以形容。啊！我的祖國，賞讀〈北京的水蜜桃〉。

人傑地亦靈
北京的水蜜桃，長得

又肥又大又鮮美

酒足飯飽後
端出一盤，主人
殷殷的勸吃

拿起一個，輕輕
一咬，滲入齒牙間
竟是濃濃的友誼

一九九三年八月十六日　於北京

後記：八月十五日晚上初抵北京，承蒙古繼堂教授夫婦，接待至其家中吃餃子，飯後享用北京最有名的水蜜桃，有感而作。

一首有靈魂的詩，「拿起一個，輕輕／一咬，滲入齒牙間／竟是濃濃的友誼」。最後一行就是詩的靈魂，把靈魂放在最後，引起的是驚嘆！也是驚嘆同胞之情，一見如故。另一首〈初抵北京〉。

轟隆隆
飛越過萬里長空
七四七這隻大鳥
載我們初抵北京城

不遊長城
不覽故宮
此行，我們的目的
做一名小小的詩的傳播者

在《詩刊》社
在中國現代文學館
我們愉快的交談
盡情的吟唱

陌生的藩籬都已撤除
隔閡的籬笆也已拆去
我們的手互相握緊
心也悄悄搭上了橋樑

來，在北京城
在這座全國詩歌的重鎮
讓我們兩岸攜手、共同高歌——
「惟愛與詩，永遠長存。」

一九九三年八月十八日　於北京

就像兩岸初開放時，筆者隨「中國文藝協會」（理事長綠蒂領軍），首次到北京的心情完全一樣。雖數十年從未謀面的祖國，從未見過的同胞（接待人員），但都一見如故，就好像碰到多年失散的親人或老友。

最神奇的是，沒有「語言障礙」，更無「文化隔閡」。雙方聊天用的語言、文詞、成語、笑話、歷史典故、傳統詩詞等，都可以百分百了解溝通，會心一笑，了然於心。半世紀的藩籬、隔閡，瞬間全都自動拆除於無形，成了一家人。

「我們的手互相握緊／心也悄悄搭上了橋樑……讓我們兩岸攜手……」。這是對中國文化、中國文學和民族認同，有高度向心力，才有的情懷，而且是各種情懷中，最高貴的情懷。賞讀〈站在長江的渡輪上〉。

站在長江的渡輪上
眺望著這一片煙波浩渺
有一種放聲狂歌的衝動
也有一種跪下來俯泣的憂傷

滔滔東流幾千年了
這一脈永生的血管呀
孕育出多少中華文化
也歷盡多少世事的滄桑

曾經，戰爭像狂飆的野火
在河的兩岸肆意燃燒
多少無辜的生靈遭踐踏

長江，您做了最好的見證人

您是最慈藹的母親
多乳汁的乳房哺育出無數嬰兒
黃皮膚的中國人永遠感激您
而您只是默默無言，默默奔前

但您也有發怒的時候
那是不堪長期遭受欺凌
您發出震天的怒吼
濁浪捲起了半天高

從巴顏喀喇山到東海
綿延數千公里的崎嶇
日日夜夜不停地東流呀長江
浪濤處捲起了多少風流人物

我是一名來自海峽彼岸的仰慕者

此刻，站立在渡輪的甲板上
默默地，默默地凝視著您
那是一種多麼深沉的凝視呀

那是一種多麼深沉的凝視呀
只有黃皮膚的中國人懂得
尤其是台灣海峽的海水
仍然冰冷著的此刻——

站在長江的渡輪上
眺望著這一片煙波浩渺
有一種放聲狂歌的衝動
也有一種跪下來俯泣的憂傷

一九九三年九月三日
作於武漢赴重慶江漢五十一渡輪上

長江、黃河，是孕育中國文明文化的兩條江河，古今（含台灣地區）無數文人雅士，都曾寫詩讚頌這兩條「母親江河」。遠的不說，就以現代詩流行這近百年來，寫長江著名的詩作，如洪洋〈掀起你的波濤吧揚子江〉、嚴陣〈長江在我窗前流過〉、沙白〈大江東去〉。（註一）現在加一個「來自海峽彼岸的仰慕著」，名叫台客（本名廖振卿）的一首〈站在長江的渡輪上〉。

尤其沙白的〈大江東去〉一詩，作於一九六三年，發表在《詩刊》上。而數十年後，台客一行也拜訪了《詩刊》（見〈初抵北京〉一詩，因緣一線牽啊！）

比較洪洋、嚴陣、沙白和台客，四家詩人的「長江頌詩」，洪洋給人歡欣鼓舞之情，嚴陣是熱烈澎湃愛國之情，沙白如江浪滾滾浪漫之情，而台客這首詩，則充溢濃濃的憂傷之情。

同樣禮讚長江，為何台客憂傷多？甚至「有一種跪下來俯泣的憂傷」。答案如他的詩句，「尤其是台灣海峽的海水／仍然冰冷著的此刻」。這裡，暗示著兩岸雖然開放了，但問題還多，統一更是遙遙無期。

兩岸處於長期分裂，乃至台獨意識高漲，受美日帝國邪惡勢力利用，這是現代中國人的痛。台客投入祖國懷裡，面對長江要說什麼？只有「默默地，默默地凝視著您／那是一種多麼深沉的凝視呀」。

在〈兩岸〉這輯的作品，台客另有幾首批判性強的詩，如〈千島湖哀歌〉、〈此岸、彼岸：哀偷渡客〉、〈只有屍體才能踏上這塊土地〉。「千島湖事件」雖是刑事案件，但也傷了很多人的心，而偷渡客和非法漁工，也都是悲劇。兩岸都是一家人，任何一方受到傷害，都是讓詩人傷心，因為詩人的心牽掛著全中國。

註　釋

註一　洪洋（一九三二—），湖北武昌人，詩人、作家，曾在長江航運公司工作，參與武漢長江大橋建設。他的〈掀起你的波濤吧揚子江〉，等於是親自參與長江工程落成的讚歌，有詩集《歡呼吧，揚子江》。

嚴陣（一九三〇—），山東萊陽縣人。有詩集《江南曲》等多本，〈長江在我窗前流過〉一詩，熱情洋溢歌頌祖國江山，澎湃著高貴的愛國情操。

沙白（一九二五—），本名理陶，生於江蘇如臯，新聞工作者，有詩集《大江東去》等多本，而〈大江東去〉一詩，入選由《詩刊》社所編的《詩選一九四九—一九七九》。

第七章 《繭中語》詩人心語

《繭中語》（遼寧：遼寧民族出版社，一九九六年五月）。這是經由蒙古族女詩人薩仁圖婭的引線，台客在大陸出版的第一本詩集。

在這本詩集裡，共有八十多首詩，大部份是前三本詩集《鄉下風光》、《生命樹》及《故鄉之歌》精選出來，少部分是近作而尚未結集的。

台客在詩集〈後記〉說道，「大陸和台灣都是血脈相連的中國人。我希望我的詩能多讓一些中國人讀，故我十分願意也欣喜能在大陸出版個人詩集。」我相信凡讀到台客詩作或其他作品的中國人，一定十分感動，因為他的人和詩都是很「中國」的。

大陸著名的詩論家古繼堂為這本詩集提序，首先談到他和台客的多年老友因緣，對台客詩也很肯定。最後結語說「台客是一個很用功的，創造意識很強的青年詩人。」一九九五年時，台客還年輕，現在早已當阿公的台客，依然是勤於創作，一個自強不息的君子。

本章欣賞幾首前三本詩集所沒有，下章針對與台客交流過的有緣人再簡說，以示不忘、感恩和懷念。本章的第一首是〈繭中自語〉。

自囚于密閉的斗室
耗盡畢生精力
不停地吐絲吐絲吐絲
一層層一道道縱橫交錯
啊，前無出處後無退路
置我于這黑暗的絕域
密閉的繭中我死了
靜靜躺下讓烈火焚身
期待着蛻化為蛾
咬破蠶繭突身而出
飛舞于陽光之下
撒下漫天的詩篇

〈繭中自語〉一詩，略一字當書名《繭中語》，台客在〈後記〉交待，「覺得頗符合詩人寫詩的困境及突破」之情境。確實形像意涵都符合，創作都會碰到困境，進而必須突破，若不突破就只有原地打轉。

但「繭」的意象也可以有很多想像，書房也是一個繭，人生也是一個繭，人類困居地球也是一個大繭。看從何種層次出發。另一首〈讀史偶感〉。

戰爭
一只舐血的惡獸
始終盤踞在
我們的
史籍裡

掩卷
始發現
歷史乃是由
億萬顆頭顱
堆疊而成

短短幾行詩，寫出人類歷史大綱，戰爭大家都不願意，但歷史從未停止戰爭。奇怪的是，偉大的文學作品都在寫（或讚頌），如《三國》、《奧德賽》，乃至神話作品也是戰爭，如《西遊記》、《封神榜》。我想，戰爭是人類基因的組成元素。一首〈納骨塔〉。

靜靜的
靈魂們坐在牆沿上
靜靜的
靈魂們蹲在瓮壇裡

無所謂白天，無所謂黑夜
無所謂年老，無所謂年少
大家倚壁排列
蹲在瓮中靜靜休息

只任麻雀在廊內
嘰嘰喳喳

吵過一個又一個的午後
只任風雨在塔外
淒淒切切
吹過一個又一個的春秋

這是詩人的奇想，但也顯露詩人的生死觀（或宗教觀），即人死後仍有靈魂存在。且詩人的眼睛可看透一切，看陰陽兩界，看到「靈魂們」，蹲著，倚壁排列，或許也在聊八卦。

但這詩也有些言外之意，人生最後都是一把灰。所以要趁活的時候，把握光陰，做些有意義、有價值的事，這才不會白來人間一回。〈這世界是如此空闊〉。

這世界是如此空闊
我獨自悄悄走過
沒有一絲兒聲息
一切都是那麼死寂

風也不吹，蟲兒也不唱
原野上，甚至連一顆
點燃希望的星星都沒有

一彎冷月在天邊，如今
逐漸在死透
這世界是如此空闊
我獨自悄悄走過

詩境場景，有如「地球第六次大滅絕」發生後，或經歷一場毀滅性核戰，人類都不見了，只剩詩人台客寂寞活著。「一切都是那麼死寂」，像某一部電影的場景，也是地球經過一個大浩劫後……

回到現實生活中，「一花一世界」，所以眾生都是孤獨的，每個人都是「獨立的唯一」。詩人的思維又最透澈，常會感受到人生的實相，乃至這個世界的一切，都是夢幻泡影，如露如電……〈曾經，那麼一個晚上〉。

曾經，那麼一個晚上

我發覺，我的肌膚逐漸在腐化
骨骼節節碎裂
終於化為地上的一灘血水

曾經，那麼一個晚上
我發現，我只是一個幽靈
不，一具沒有靈魂的軀殼
飄飄蕩蕩，在無人的大街上游走

曾經，那麼一個晚上
我發覺，我發覺我什麼都不是
我不屬於這世界這人類
我住在沒有人知道的，遙遠的星球

「我發覺，我的肌膚逐漸在腐化／骨骼節節碎裂」。在正常情況下（無特別的病或意外），人之肉體骨骼的腐化毀壞，是數十年漸變的過程，自己不可能感覺或發覺（看到）。但是，把人生百年過程縮成一天或更短，人便可以眼睜睜看到自己血肉在腐化、腐化……（有這樣的攝影術）。

就詩論詩，雖是詩人的想像，還是有重要意涵。詩人想要透過這種情境，反思人生的意義是什麼？人生的價值何在？乃至人與這個世界、社會的關係是什麼？賞讀「一艘很可憐的船」，真的，〈有這麼一艘船〉。

有這麼一艘船
停泊在西太平洋邊
有人指它是浩海孤舟
有人稱它是不沉戰艦

有這麼一艘船
停泊在西太平洋邊
船上人人辛苦打拼
曾經，創造出一個傲人春天

有這麼一艘船
雖然不斷有狂風暴雨來襲

船上因有好的舵手
終能化險為夷……

如今這艘船仍屹立在海上
然而船身堅固却不如往昔
船底漏水，船身傾斜
每遇颱風搖搖欲墜

船上乘客也分成三派——
有人主張小幅修整
有人主張大肆翻修
更有人堅持換個船名看看

大家鎮日吵成一團
個個儼然真理化身
卻忽略了一個嚴重事實
西北颱已悄悄登臨……

台客這首詩形像明確，意涵豐富，與真實情況也符合，相信讀者不難理解。雖無指名道姓，也知道詩人在說什麼？清楚明白這艘「船」是啥？

這真是一艘可憐的船，千百年來沒有固定的爸爸媽媽。誰的拳頭大，誰就是爸爸兼船主，數百年前，船上一度被海盜佔領。西方有兩隻妖獸，一隻是鬼族叫西班牙，一隻是妖族叫荷蘭，都曾短暫佔領這艘船。

後來一個龍族的民族英雄叫鄭成功，收復了這艘船，船上的人終於回到祖國懷抱，度過很長久的一段好日子。但因龍族衰落，倭鬼入侵，又佔領了這艘船。船上的人只得「認倭為父」，被殖民了五十年，船民許多被屠殺！

龍族終於又覺醒，打敗了倭鬼，又收復了這艘船。只可惜，龍族自己鬧分裂，西方一隻最強大的妖獸叫美國，乘勢掌控了這艘船。

這艘船上的人不堪被出賣，都在期待龍族大軍南征，解放船民，讓大家回到祖國懷抱，回歸真正的父母。賞讀〈我是一粒米〉。

我是一粒米
白白、胖胖
躺在五公斤包裝的

透明塑膠袋內
像農人臉上
喜悅的汗珠！

我是一粒米？
啊不！我是一粒穀
躺在軟綿綿的秧床上
春水，是我的被單
陽光，是我的催化劑
我一寸一寸地長大

我是一粒穀？
啊不！如今我是一株秧
伸青翠的手臂
在藍天中招展
看麻雀成群嬉戲于竹叢裡
聽流水不斷在溝渠中吟唱

我是一株秧
啊不！如今我是一叢稻
在遼闊的農田上
根苗緊緊抓住大地
莖葉不停繁衍生長
（感謝農人的除草施肥）

我是一叢稻？
啊？是的我是一叢稻
雨水讓我孳長
風兒讓我受孕
在這蟬兒初鳴的季節
吐一瓣瓣，美麗的稻穗

我是一叢稻？
啊不！如今我又是一粒米

在割稻機隆隆的刈割聲中
在烘乾機強力的烘烤之下
在脫殼機猛烈的旋轉之後
我又還原為一粒米

胖胖，白白
躺在五公斤包裝的
透明塑袋內
像農人臉上
終年揮不乾的
汗珠！

好像有個偉人說過一句名言，「生由死而來，一粒麥子為了萌芽，它的種子必須先死才行。」很有勉勵人心的話，把麥子換稻子也一樣。但鼓舞人心的話不一定真實，也不一定合乎科學。例如流行歌〈愛妳一萬年〉，明明不真實、不可能、不科學，但男生唱給女生聽，很快可以得到芳心。像這句名言也不科學，種子死了（乾掉或煮過），要如何萌芽？

台客這首詩很真實、很科學，把一粒米的「三世因果」按照成長流程，用詩意表達出來。從穀種、秧苗、成稻、稻穗、割稻、烘乾、去殼，最後成為一粒「胖胖、白白」的白米，煮成熟飯，養活眾生！

只有真真實實在農村生活過的人，才能寫出這種詩。台客是農家子弟，這就難怪了。據說這還是一首得過「農糧署米食徵文獎」的詩呢！

台客這詩除了寫一粒米的成長身世，也是在禮讚農夫的辛苦耕耘。從第一段「像農人臉上／喜悅的汗珠」，到結尾「像農人臉上／終年揮不乾的／汗珠」。言下之意，大家要尊重農夫，珍惜米飯。

詩中提到傳統農業社會的割稻機、烘乾機、脫殼機，都是用人力，現代人都沒有見過，只有到博物館或許可見。筆者曾參與那個時代的割稻，至今印象深刻，有如一景古代國畫中的情境。

第八章 人物詩寫・秀才人情

中國傳統作家、詩人，有以詩歌相互酬贈的優良傳統，雖然往往只是幾行文字，習稱「秀才人情一張紙」。這只是從表面上看形式，而未明其內涵。

通常人與人之間的關係，必須要遠離官場和商業上的利益交換，私交私誼才能真誠，並上昇到一定境界，才有心靈精神交流。例如李白和杜甫，他們二人都有詩贈對方，詩作也都成為千古名篇。這是因為二人相互欣賞，自然有詩相贈，這些「秀才人情」更是透穿歷史時空，成為後世代代詩壇之佳話美談。

台客這本《繭中語》詩集，也有幾首針對詩友的詩寫，做為本章賞讀的對象。目的之一，使這些作品有重新再流傳的機會；之二換一個新舞台，再一次展演新姿；之三以示詩人情誼不忘與感恩。第一首是〈失題：哭林玲〉。

在那一片密林裡
曾經有鈴聲

響徹季節的長空
成群麋鹿聚集
山澗神泉水淙淙

而如今泉已冷
草已枯
鈴聲消失無蹤
只剩下一片片殘雪
一季淒冷的冬

一九九四年九月十日　凌晨

後記：林玲系台灣當代知名的散文家及詩人，因患惡性腦瘤而早逝，享年五十四歲。

查古哥，林玲和李春生是詩壇上的夫妻檔，李春生（一九三一——一九九七），林玲（一九四一——一九九四）。李春生是山西垣曲人，林玲是浙江樂清縣人，如今二人已移民西方極樂國，只留下他們的作品在人間。另一首〈早春的大雁：迎雁翼、古繼堂二位詩兄抵台〉。

早春的大雁
鼓如扇的羽翼
一路風塵僕僕
飛渡茫茫的海峽而來
帶來了——
冰雪初溶的消息
河川解凍的消息
也劃亮了天際一角
暮靄沉沉的陰霾

為了目睹這一粒
拋撒在太平洋上的明珠（註一）
為了目睹四十餘年來
既熟悉又陌生的

啊！這寶島的風采
您們頂十二級的強風
冒滔天巨浪
撥開重重雲霧
冒險飛越而來

啊！來了，憩息在
這一片血濃于水的土地上
您們且好好親吻，仔細體察
讓日月潭清澈的潭水
洗滌您們疲憊的心靈
讓阿里山光耀的日出
溫暖您們渴慕的胸懷（註二）
然後帶滿筐友誼的溫暖
返回，雲靄蒼茫的彼岸

一九九五年六月二十八日　晨

註一：見古繼堂著《台灣新詩發展史》，「台灣和他周圍的島嶼宛如一把明珠拋撒在那無邊的天藍色的海面上。」

註二：兩位大詩人訪台其間，曾經暢遊阿里山、日月潭等寶島名勝。

雁翼（一九二七—二〇〇九），本名顏鴻林，河北館陶人。著有長詩集：《東平湖鳥集》、《愛的思索》等六種；短詩集有：《在雲彩下面》、《給燕子》、《花之戀》（台北文史哲出版）等二十九種。另有詩論集、話劇、電影多種，其作品分別譯成英、法、德、俄等多國文。

古繼堂（一九三六—），河南省修武人。專長中國文學、台灣文學研究，代表作有《台灣新詩發展史》、《台灣小說發展史》、《台灣女詩人三十家》、《古繼堂詩集》、《台灣新文學理論批評史》等數十部。

雁翼和古繼堂，都和台客有不少文學詩歌交流，也有深厚的友誼。兩岸同胞本是一家人，就如台客詩說的「這一片血濃於水的土地上」。可惜二十多年來，台獨偽政權的妖魔不斷操弄「仇中」，年輕一代全都中毒了，未來不知要如何收拾殘破的小島。賞讀〈黃昏的時候：贈明秋水詩兄〉。

黃昏的時候

該做些什麼
就逛逛西湖吧
賞一賞堤岸的楊柳青青
遊一遊湖心的三潭印月
再泡一壺虎跑的烏龍茶
坐于蘇堤的情人座下
左手還擁著一位現代的蘇小小

黃昏的時候
該做些什麼
就寫寫詩吧
在熒熒燈光下的翠苑小窩裡
用鑿腦後的餘溫孵一首首詩
孵幾十年來風風雨雨的往事
孵一段當代神仙眷侶的愛情故事
孵一個詩壇偉大的夢

一九九五年十月九日　作于杭州

明秋水（一九一九—二〇〇二），湖北黃州人，黃埔軍校十六期畢業，原來是我大學長，小他二十八期（我是44期）。可敬！明老大哥，林淑惠有一篇〈為詩守窮、受辱、發狂的詩人—明秋水〉。

明秋水一九四九年來台，一九七八年全家移民阿根廷，一九八七年回到大陸定居西湖畔。一生著作甚多，他最後一本著作《追尋永生的舊曲—明秋水八十自選詩集》（二〇〇二），收錄一九四一到二〇〇一年作品。他在自序中說：「這本詩集，是畢生獻身詩屯墾，為詩守窮、為詩受辱、為詩發狂的忠實記錄！」如此作品與自剖，可謂是自己的人生告白。賞讀〈呼蘭河畔謁蕭紅〉。

沒有風，沒有雨
我們來了
從遙遠的彼岸，千里迢迢
為一睹你的豐采

在百花群放的故園中
您依然默默地坐着（註）

左手托腮，靜靜地沉思
靜靜地凝視

您在沉思什麼？
您在凝視什麼？
呼蘭河水就在您的身後
波光粼粼，緩緩流逝

但我知道它曾經不寧靜
它曾經掀起過萬丈波濤
就如您生前的吶喊
為理想遠走它方

三十一載短暫的人生
像流星般倏然而墜落
但您至死也忘不了呼蘭河
呼蘭河因您而光茫四射

沒有風，沒有雨
只有我們默默在此憑吊着您
夕陽斜斜照着您的故居
照著這片古老的中國大地

一九九五年九月十六日　瀋陽旅次

註：蕭紅故居的前院小花園中，有一蕭紅坐姿塑像，栩栩如生。

蕭紅（一九一一—一九四二），黑龍江省呼蘭縣人。本名張廼瑩，筆名蕭紅、悄吟、田梯、玲玲，現代女性主義作家，被譽為三十年代的「文學洛神」。蕭紅也是「民初四大才女」之一，另三者是張愛玲、林徽因、冰心；另有一說是：蕭紅、張愛玲、石評梅、呂碧城。還有所謂「民初四大美女」：陸小曼、林徽因、周璇、阮玲玉。凡此，仍為詩人雅士愛聊的話題，千古美談！

蕭紅重要著作有《呼蘭河傳》、《生死場》、《馬伯樂》、《小城三月》。電影《蕭紅》講她一生的故事，霍建起導演，宋佳、黃覺主演。賞讀一首〈假如詩是熱情的燃燒：致薩仁圖婭〉。

假如詩是熱情的燃燒
而您就是那火
點燃起滿室歡樂
東北行因您的到來
寒冷的氣溫不再寒冷
冰凍的河川因而潺流
您的熱情如火
您的柔情似水
難忘的金鳳凰之夜
與您共舞
彷彿，我已擁抱住整個宇宙
彷彿，我已騎着快馬
奔馳過遼闊的大草原
啊！薩仁圖婭、薩仁圖婭
您這蒙古族的大姊姊

今夜，讓我在遙遠的彼方呼喚您
夜空中皎潔的明月和星星
都可以作證
您我的友誼如同那星月
一樣永恒

詩裡有情詩的味道，「與您共舞／彷彿，我已擁抱住整個宇宙」。最後則真情告白，「您我的友誼如同那星月／一樣永恒」。這便可以確定，二人交情是有一定深度的，不過這種情不是男女之情，而是姊弟之情，祖國同胞同根同源骨肉之情。

薩仁圖婭（一九四九—），漢名傅月華，遼寧朝陽人，蒙古族女詩人，民族文化學者，有各種作品四十多部。台灣新詩學會也曾頒「弘揚詩藝」金牌給她，她重要著作有《蒙古族》、《幸福八卦》、《保鮮心情》、《聲貫九州田連元》、《尹湛納希畫冊》等。

台客在詩集前的〈詩創作觀〉說，「寫詩，寫我們內心真正的感動。寫我們對世間萬事萬物真、善、美的禮贊，或對一切醜陋、罪惡的憎惡與批判。」說的正合吾意，最後他又說，「詩，成就了詩人，也毀滅了詩人。」讀者客官你以為呢？

第九章　《石與詩的對話》大自然之美

《石與詩的對話》（台北：詩藝文出版社，一九九八年九月）。顧名思義，這本詩集是詩人「玩石頭」的心得，從玩石、賞石、尋石、挖石的過程中，發現許多樂趣和學問，聯想、啟發，寫成了一系列詩作。所以這是一本有特色的詩集，到目前為止，尚未發現針對「石頭」，寫成一本詩集，台客這本是唯一。

台客寫詩一輩子，「玩石」也玩了幾十年，從他在詩集另附十四篇賞石文章，也有了「石藝家」的高度。到底「石頭」有何看頭？甚至有資格上升到藝術境界？有的成為「傳家之寶」、「鎮館之寶」，乃至所謂「鎮國之寶」，價值連城。不知者，不肖一顧；知者，嘆為觀止，只贊不思議！不思議！

這本詩集在書前有五個人寫的五篇算是序文，分別是趙子休、陳良吉、麥穗、古繼堂、周達斌。全書分五卷，卷一〈大自然之美〉、卷二〈石種之美〉、卷三〈石形之美〉、卷四〈石情石趣〉、卷五是十四篇散文。分兩章賞閱其部份作品。〈擎天柱：詠磬樫峰〉。

億萬年前的一場浩劫
高山傾頹
大地崩裂
萬物俱毀於足下

只剩下我
一柱擎天
站立於高高的燕山峰頂
俯瞰世界

天地浩渺
白雲蒼茫
幾千年風雲，不斷
從我的身旁流逝

後記：磬棰峰位於熱河省承德市郊的燕山上，山峰有一巨石竦立，宛如一柱擎天，上大下小，又如磬棰倒豎，別開生面。

像這樣的「一柱擎天」石景，在神州大地上有多處，約十年前筆者與台客等一行，同遊江西三清山，也見一極為壯偉的擎天柱。這是億萬年地質演變的結果，都是地球上極稀有的景觀，乃成為觀光景點。

承德市應是在今之河北省，一九九三年成立「磬錘峰國家森林公園」，園內磬錘峰直插天際，康熙四十一年（一七〇二年），康熙帝來到熱河，看到當時叫棒槌山（像洗衣用的棒槌），乃賜名「磬錘峰」。

建「承德避暑山莊」時，按康熙旨意，在如意湖西側山崗建「錘峰落照亭」，以東眺磬錘峰。康熙皇帝常登亭觀夕照，並題詩讚曰：

縱目湖山千載留，白雲枕澗報深秋；
峻岩自有爭佳處，未若此峰景最幽。

此後雍正、乾隆、咸豐皇帝及許多文人墨客，常寫詩讚美磬錘峰，現在多一位來自神州邊陲的詩人台客。為這傳奇景觀，添增一分詩意。賞讀〈樂山巨型睡佛〉。

躺下
在青山之間
在綠水之上
我靜靜地躺下
且沉沉睡去
一睡，千年萬年

靜聽
隱隱有風聲、雷聲
雨聲、鳥聲
花開的聲音
以及　樹根們伸長的聲音
不斷地不斷地傳來

傳來傳來
千年萬年
怎麼我竟

躺成一身蒼翠
躺成一幅風景
「阿彌陀佛，阿彌陀佛」

四川樂山巨型睡佛，仰面朝天的姿勢，分別由烏龍山、凌雲山和龜城山三座大山聯成。地點在樂山城側的三江（岷江、青衣江、大渡河）匯流處，而樂山大佛則在睡佛之肩、胸內，寓「心即佛、心中有佛」之意。

巨型睡佛本來只是幾座山體，無人看出。一九八九年五月，一個六十一歲的廣東順德農民潘鴻忠，到樂山旅遊，拍了一張全景照，發現如佛仰卧照片。隔年他在《四川文物》第四期，發表〈樂山巨佛發現記〉，瞬間「巨型睡佛」轟動全國。另一首〈駱駝岩〉。

有一個高高昂起的頭
有兩個凸起的駝背
你是駱駝，沒有錯

你從何方來？

是風沙滾滾的塞北
還是白雪皚皚的青康藏

怎麼到此就不走了？
累了，還是漓江景致太美
讓你捨不得離去

你還要停留多久？
不敢想像你抖擻精神
重新邁開腳步的情景

註：駱駝岩，位於廣西桂林市區內。

「桂林山水甲天下」，是世界聞名景觀保護區，駱駝岩只是桂林市區內一個景點，在七星公園內，漓江東岸，原名酒壺山，因酷似駱駝，遂名駱駝山（峰、岩）。

形似古代酒壺，壺嘴（山南）刻有「壺山」二字，旁有「雷酒人之墓」。雷酒人原名雷鳴春，是明末儒士，結廬此山中。酒壺又似伏地駱駝，形像逼真，成為桂林續八景之一。賞讀〈雙獅石〉。

不知從何時
也不知從何地
兩隻獅子
跑到了這裡

蘭嶼的島上
太平洋海濱
牠們駐下了腳步
俯臥對視著

雄赳赳，氣昂昂
牠們的體態——
把頭兒高高昂起
尾巴緊緊往上翹

牠們默默對視著
是在低語……
是在傾訴……
猛獸世界也有溫柔啊

海風不停吹拂著
海浪不停襲打著
幾千幾萬年了
牠們依然默默地對望……

「不知從何時／也不知從何地／兩隻獅子／跑到了這裡」。也適合用來形容蘭嶼原住民或台灣各原住民，到底從何而來？人類學家還找不出答案，從來只有「政治需要」的政治答案。

蘭嶼雙獅岩（石），是火山熔岩冷卻後形成的自然景觀，位於東北角，背對太平洋。各種造型的岩石，望形生義，尚有軍艦岩、坦克岩、龍頭岩、老人岩……栩栩如生，成為蘭嶼大型戶外石藝展示場。賞讀台客家附近的〈鶯歌石〉。

狂風曾經猛烈地
吹襲您
暴雨曾經瘋狂地
擊打您
雷電轟隆中，您曾經
是一隻桀驁不馴的怪物
揮長長的羽翼
發嘎嘎的怪聲
人們驚恐的表情
猶如一隻隻待宰的螞蟻

而後您靜默了
幾百幾千年來
您靜靜地棲息於此
（一座小鎮的半壁山間）
儘管關於您的傳說
一直紛紛紜紜

您恒靜默，只任
風雨仍不斷擊打您成
一隻溫馴可愛的
鶯歌人的標誌

台客住鶯歌，原台北縣鶯歌鎮，今之新北市鶯歌區，因有一塊鶯形岩石而得名。喜歡賞石、玩石的台客，可以天天遠觀距離住家不遠處，半壁山間有一隻鶯，啟發了許多寫詩的靈感。

筆者好奇查「鶯歌」前世，一九二〇年倭鬼竊佔時期置鶯歌庄，一九四〇年升格鶯歌街，一九四六年改鶯歌鎮。二〇一〇年五都升格，隨新北市改稱鶯歌區。而滿清時代，已有「鶯歌石」或「鶯歌石庄」之稱。賞讀〈金雞嶺傳奇〉。

在遙遠遙遠的年代
從遙遠遙遠的太空
寧靜坪石小鎮的上方
突然捲起了一陣旋風
風聲，夾著雨箭

閃電大作，雷聲隆隆
一隻金色怪雞，嘎嘎
赫然牠出現在空中

牠狂嘯著，嘎嘎
聲音傳遍了千里
牠揮打著翅膀
地面如颳起超級颶風

牠張牙舞爪
伺機要踐踏小鎮的莊稼
突然，一枝利箭襲來
正巧射中牠的足部

牠負傷跌落地面
一跛一跛跑到武水河邊
牠想喝武水解渴
身子卻已化成石頭

後記：金雞嶺位於廣東省樂昌縣坪石鎮的武水河邊。屬紅砂岩層，峻峭雄偉海拔三三八公尺，由於從某個角度來看，整座山頗像一隻昂首鵠立的雞，故名。

廣東樂昌金雞嶺，屬典型的丹霞地貌風景區，海拔三三八米，是廣東省十大景觀之一。金雞嶺四周都是峭壁懸崖，東西兩側的山隘築有城牆，壁壘森嚴，有一夫當關，萬夫莫開之勢。

其西北峰頂，有一金雞石，狀如雄雞，昂首北望，引頸欲啼，金雞嶺因而得名。相傳太平天國洪秀全的妹妹，洪宣嬌曾率女兵在此鎮守，現在仍留下有練兵場、點將台、觀武台、兵器岩、舂米石等多處遺蹟。

台客詩作善於比喻，善於擬人，也更善於製造情節。從本章幾首詩，詠磬椏峰、巨型睡佛、駱駝岩、雙獅石、鶯歌石，到這首金雞嶺，詩人都發揮了想像力，加入一些動人的故事情節，使一首詩更為鮮活。

詩歌文學理論常言，「想像力是一支點金棒，可點石成金。」台客在這方面的運用，可謂極為成熟了，使「石與詩的對話」自然天成。下章就來看看，石與詩有些什麼對話？

第十章　石形石種、石情石趣

筆者對賞石並無特別愛好，在台客詩集附錄各篇賞石散文中，有一篇〈甲仙化石之旅〉，談到參觀「菜寮化石館」，只是略為一提。正好多年前筆者也帶小朋友參觀該化石館，回來也寫了參訪作品，簡述之。

台南菜寮溪，在更新世（pleistocene，距今約二百萬年前，台灣和大陸仍有陸地連接），是台灣古象的樂園。出土化石有中國劍齒象、明石劍齒象、署光劍齒象、印度劍齒象、台灣猛瑪象等。

在菜寮溪也發現「四不像鹿」化石，頭像鹿、腳像牛、背如駱駝、尾如驢子，體大如牛。沒想到「四不像」是真的存在，有化石為證。

台南除了左鎮菜寮溪產化石，另有兩處重要化石出土區，一者是關仔嶺化石區，主要化石有珊瑚蟲、有孔蟲、貝類、海綿、海膽等。本區又分四個子區：羌子埔、麒麟尾、龜重溪沿岸牛山下坡、牛山橋上游河牀。

台南第三個化石區，是水流東化石區，在烏山頭水庫集水區東北側。本區化石以軟體動物們的雙殼綱扇貝科的長沼扇貝最多，其次原生動物門，根足亞綱，有孔蟲目等。「水流東」化石區，是台灣所發現最美麗的化石景觀，數量之多，保存完整，嘆為觀止。

《石與詩的對話》，台客區分石種、石形、石情、石趣，提詩讚頌，本章賞讀數首。第一首〈小雨滴下著：梨皮石〉。

小雨滴下著
一滴兩滴
綿綿密密
在一顆黑石之上
在一顆黑石之上
小雨滴下著
綿綿密密
綿綿密密

雨滴都停留在
這一顆黑石上了

密密麻麻
大滴小滴

美不勝收啊
似天空中的繁星
美不勝收啊
似遙遠月球的隕坑

任人們仔細的觀賞
任人們衷愛的撫摸
小雨滴下著
綿綿密密

詩有五段，其中有四段都一直在下著小雨，且「綿綿密密」一再出境，可見這顆「梨皮石」，上面的雨量真多。讀的時候，感覺眼前就在下雨，心頭也在下雨，這是詩在情境經營上的成功，讓讀者可以很快進入詩境，甚至感受詩境如真實的存在。一首〈呼喚：山形石之一〉。

呼喚，彷彿有
千百種聲音
不停地不停地向我呼喚

那是屬於一座山的
鳥鳴的呼喚
花開的呼喚
小草們搖曳的呼喚
群樹們挺拔的呼喚

呼喚，彷彿有
千百種聲音
不停地不停地向我呼喚

那是屬於一座山的
風的呼喚

雨的呼喚
白色的雲海的呼喚
綠色的森林的呼喚

你相信嗎?山河大地、日月鳥獸、石頭泥土……它們也會「講經說法」，它們也會念佛、念法、念僧，你聽到了嗎?在佛法中，這是「無情說法」。所以，別以為石頭鳥獸無情，它們也會講述佛經、宏法利生。

當然，「無情說法」，普通人或欠缺慧根的人，是聽不到的，甚至完全無感。是故，能聽到「無情說法」的人，通常必須有慧根、有悟力，達到一定境界，像這樣的智者兼慧者的人，他便能聽到宇宙萬物在說法、在呼喚，人與萬物產生了「以心傳心」的交流。

賞閱這首〈呼喚〉，就像「無情說法」的境界，詩人與萬物合而為一，有了「以心傳心」的交流。因此，詩人可以聽到鳥鳴的呼喚！小草群樹的呼喚！風雨的呼喚！雲海森林的呼喚！這是詩人的境界。讀者以為神奇嗎?再一首〈沉思，一隻奇怪的山羊〉。

沉思，一隻奇怪的山羊

牠默默地站著
在時間的舞台上
以一身傲骨嶙峋
默默地沉思

沉思，一隻奇怪的山羊
何時頭上，長出
光陰的畸角
何時頸間，結滿
歲月的鬍鬚

沉思，一隻奇怪的山羊
沉思，有時
也是一種美
沉思，喚醒
悠悠的歲月

這是一塊形似山羊的岩石，經過詩人的加持，它彷彿就鮮活成有意識的生命體，它懂得沉思。這隻羊儼然上昇到了哲學家的形像，只有哲學家善於沉思。

台大前校長傅斯年說：「一天只有二十一小時，剩下三小時用來沉思。」有史以來能一天用三小時沉思，想必只有台客這隻「奇怪的山羊」了。賞讀〈一匹出走的銀駱駝〉。

是嫌天上太黑暗
是嫌宇宙太荒涼
一匹銀光閃閃的駱駝
竟然，上演了出走

綠洲、綠洲
牠到處尋覓著
茫茫天宇之中
似乎唯有地球

牠嘶叫著

牠狂吼著
以火光的速度，奔向
心目中的理想王國

可是呀可是
理想有時竟如此難求
一匹天外飛來的銀駱駝
葬身，醜陋的地球

附記：銀駱駝，係一塊大鐵隕石，重約三十公噸，是世界第三大的鐵隕石，現藏於新疆省的烏魯木齊市，因其外形酷似駱駝，且又銀光閃閃，故名。

常有隕石造訪地球，但以現在人類的科技，不可能得知隕石來自那一星球，可能太陽系內，可能太陽系外更遠星球。不管來自何處！詩人把隕石離開「原鄉」，形容成「上演出走」，這便使隕石有了意識，它要出走，為追尋理想，走自己的路！但最後理想難求，反而「葬身，醜陋的地球」，這是否暗示「越混越回頭」。

甚至暗示「離家出走」是不智的行為，沒走出自己的路，反而丟了小命！賞讀〈來自婺源的猩猩〉。

來自婺源的猩猩
雙手垂握，斜側著頭
書桌上，它
正好奇地望著我

這是一隻神秘的猩猩
在婺源不知名的河川中
歷經千萬年修煉——
風雨不停打熬它的筋骨
流水不斷焠煉它的意志

這是一隻親善的猩猩
飛越過茫茫海峽
一位愛詩（石）人派遣了它

來自遙遠的貴客
握手，啊！我誠摯地歡迎
來自婺源的猩猩
雙手垂握，斜側著頭
書桌上，它
正友善地望著我

後記：江西省婺源縣詩人單國武，知我愛石，特從遙遠彼岸寄來一張「猩猩」雅石相片，感其盛情，特寫此詩以贈。

婺源，中國最美的鄉村，多年前筆者與台客也曾前往遊覽，美如人間仙境，就像一處真實的桃花源。這裡的人民，日出而作，日落而息，儼然理想國的存在，有生之年，一定要到此一遊。

婺源在江西省東北部，是古徽州府所轄六縣之一，也是徽州文化發源地之一，境內建築保存完整的「徽派」風格。民居與森林、溪流自然融合，有如「天人合一」的自然存在，難怪被稱「中國最完美的鄉村」。

來自婺源一張狀如猩猩的雅石相片，意涵著台客和婺源詩人單國武的情誼交流。透過詩人想像力，使這隻「猩猩」有了生命力，有豐富的故事。賞讀〈吻〉。

一

手攜著手
兩腳相鉤
嗚嗚讓我們
來一個世紀之吻

誰說吻是
人類的專利
在我們企鵝家族裡
它也是愛的表徵

二

是一種果食
天地間最甜美

想要品嚐嗎？
請先播愛的種子

兩塊企鵝形狀的奇石，相互擁抱接吻，這是大自然鬼斧神功的奇妙。回到真實的動物世界，我僅在電視頻道上看過黑猩猩，牠們異性也會擁抱接吻，不知什麼感覺！

在我們人類的異性，詩人有所提示，「想要品嚐嗎？／請先播愛的種子」。男女接吻是一種神奇的感覺，更是很高的精神享受，相信男女都想要品嚐，前提是要有一些「基礎」（條件或美好情境），雙方都有好感，不一定要有多深的愛。當然，接吻也是邁向更深的愛（例如做愛），必經的前景。賞讀〈拉車的牛〉。

微彎前腿
弓緊著背
使盡所有的力氣
拉——

這是一條陡坡
車上貨物又如此笨重
但既已套上苦軛
身為一條牛
惟有奮力向前

感謝您，主人
在身後，悄悄
推了我一把

一塊牛形狀奇石，送給牠一部牛車，讓牠天天拉著，很辛苦。幸好牛主人算慈悲，能在車後幫忙推車，牛也不會太累，當然這是詩人的安排。我小時候生長在農村，對苦命的牛就很同情。

小時候在農村，常見架軛、穿鼻或殺牛場景。所有農產品的運輸，全靠牛拉車，常見車上貨如山，牛已拉不動，而牛主人一點同情心也沒有，拼命抽打牛隻，牛好可憐！

第十一章　《見震九二一》地牛大翻身

老友、詩人台客，在一九九九年「九二一大地震」後，他帶領家人親戚，數次深入災區現場勘災，慰問災民，同時做了很多現場記錄。

感動啊！他只是一個小老百姓、詩人。多年來，他給我的印象，就是「現代白居易」，更是當代我們中國的「愛國詩人」。現在又多一名銜，他也是一個小「慈善家」，當之無愧。

《見震九二一》（台中：文學街出版社，二〇〇〇年元月。這本詩集是台客現場勘災的全記錄，有照片數十張、詩五十首和十篇散文。書前有老詩人向明和秦嶽的引言和台客的代序。

台客在代序中說，出版這本詩集是為保存一份見證，希望九二一大地震後一個月所發生的人、事、物，不因時光流逝，而從我們的記憶裡消失。甚至下一代人讀到這本詩集，就能有所警惕。如此，則吾願足矣！

以兩章選讀部份作品，當成一個回顧，雖已走過二十多年，透過詩的記錄，使代代的人有所警惕。首先是〈震殤〉。

所有的花朵都垂淚
所有的鳥兒皆驚心
一九九九年九月廿一日凌晨
地牛瘋狂大翻身

世紀末的大傷害
百年僅見的天災
無數的人一命歸西
更多的人顛沛流離

以愛心撫平傷痛
用堅強取代絕望
千禧年的陽光燦爛耀眼
邁開大步，迎向前去

後記：一九九九年九月二十一日凌晨一時四十七分，台灣地區發生了芮氏規模達七・三的百年僅見大地震，傷亡無數。歷經三個多月的療傷止痛，災區居民已大致獲得安置，但諸多善後問題可能還要延續達數年之久。

一九九九年九月二十二日
一九九九年最後一日重寫

小時候每有地震，不論大小，大人就說是「地牛翻身」，小孩都信以為真。但在那仍無科學知識傳播的年代，我相信有很多欠缺現代知識的鄉下地方，可能也有很多大人，真的相信地底下有隻地牛，翻身就造成地震。

九二一地震之夜，台北也有震災，我在夢中被震醒。幸好老房子骨頭硬，頂住了地牛的攻擊，老天爺也慈悲（手下留情），才有機會後來寫出很多作品。賞閱〈中秋月圓〉。

中秋月圓
人間卻無法團圓

一處一處的樓倒
一處一處的人亡

從這裡到那裡
綿延著歷歷的災情
如此的令人觸目
如此的令人驚心

連月娘也難以置信
灰濛濛的夜空上
它睜著圓圓大眼
它灑下無言淚滴

後記：大地震後四日，恰逢一年一度的中秋節，人們無心過節，度過一個黯淡的中秋。

一九九九年九月二十五日

人間出現這麼大的災情，天地同悲，夜空灰濛濛，月娘也灑下無言淚滴。這是詩人因感同身受的慈悲心，所產生的情緒感染。

不知為何！歷史上有些大災難，總是刻意選在節慶前後。如九二一是中秋節前，更嚴重的南亞大海嘯，死了三十多萬人，更正好聖誕節。難道上帝故意要懲罰人類，是該地的人有罪嗎？一首〈在安靈息災法會上〉。

所有人都合十
所有人都痛哭
這是一場生離死別
大地無預警的戲弄

兒子捧著父母
丈夫撫著太太
而它們通通無言
一張張繫黑絲帶的相片

魂兮歸來，魂兮歸來

在安靈息災法會上
法螺聲嗚嗚響起
紙錢飛灰

後記：大地震後七日，南投縣政府為罹難者舉行頭七法會，會場上，罹難者牌位佈滿牆面，連尋找親人的名字都十分困難。

一九九九年九月二十八日

從佛教看法，人生有許多苦難，最後都必須依靠宗教力量，才能救苦救難，安撫心靈。佛教被稱「中國國教」，因在中國流傳兩千年了，所以我們所見各種災難而亡或任何正常死亡，通常有所謂「頭七法會」。

法會的意義，是經由法師以佛法之力，對亡者加持，對生者撫傷，可謂「陰陽兩利」，其詳細可看《地藏菩薩本願經》。再一首〈缺損的左腳掌〉。

缺損的左腳掌
在病牀中喊痛
一大片一大片的瘀紫

一大片一大片的紅腫
它的主人翁，如今
臉色鐵青痛苦呻吟
一個年僅六歲的女童
老天哪！你何其不公

大地震沒有奪走她的生命
卻使她變成終生殘廢
而她親愛的父母呢
天哪！剛剛被抬去了火葬

後記：六歲女童傅靖淳於大地震後被救，卻因左腳掌被壓碎，肌肉嚴重壞死，不得已只好截肢，而其父母則雙亡。

一九九九年九月二十九日

這位傅靖淳小朋友，現在應該快三十而立，或許已成家立業，並已當媽媽了。

無論如何！但願她能走出陰影，健康快樂的活著，有無成家立業，其實不重要。

人生所有碰到的苦難，雖然可以透過宗教，找到一條「了生脫死」的大道。但也完全要自己去面對，所有外力都只是「助緣」，能救自己的，也只有自己，別人使不上力。一首〈螞蝗〉。

有著一根尖利的嘴
嗜血以為生的
這些是螞蝗

當大災難來臨時
牠們成群飛舞
四處劫虐

而如今他們哄抬物價
四處打劫濟賑物資
唉！這些螞蝗

後記：當大災難來時，大家齊心協力，共度難關。卻也有一些不肖商人等哄抬物價，囤積商品或劫掠救濟物資等行為，令人可恥。

一九九九年九月二十九日

台客的詩大多是記錄現場現狀，以及叫人感動的事物，也記錄下讓人討厭的事。如這首〈螞蝗〉，相信任何時候，不光是災難發生時，就是平時，這種「螞蝗」也存在社會各角落。

就在我寫本書的二〇二二年六月，從我書房望向偽政權高層，到處是螞蝗，以及比螞蝗更邪惡的妖魔，要把人民帶向另一個更大的災難。一首〈致慈濟〉。

一頂竹笠
一雙草鞋
她走過悲傷的每一寸土地
她說：「悲極無言説」

一襲天藍色布衫

一臉慈祥和藹
她們也齊聲應道：
「救人的不走，我們也不走。」

讓所有災民感激涕零
讓所有台灣同胞深思
這是一個充滿大愛的團體
台灣人共同的驕傲

後記：九二一大地震後，慈濟功德會的賑災活動迅速而有效，博得災區民眾感激。該會的精神領導人證嚴法師，對外界有關賑災的吵嚷看法是：「悲極無言說，做就對了。」

筆者雖皈依在佛光山星雲大師座下，也成為佛光山會員。所以我謹記師父說的「佛法不二」，因有這樣信念，對台灣五大佛教道場（佛光山、中台山、法鼓山、慈濟、靈鷲山），在我心中無分別，都在傳揚佛法。只是五大道場的菩薩們，宏法利生的領域不同，所做皆佛法。

在台灣、大陸，乃至全世界，慈濟的救災、救苦救難，迅速而有效，可以說是第一名，這是公認的，應該給予高度肯定。一首〈感謝老天？〉。

感謝老天
九二一之後
賞賜我們另一個
石門水庫

在嘉義縣與
雲林縣之間
萬山層疊
一條清清溪澗

人類築一個水庫
雲花十餘年
而老天只用了
一夕之間

一夕之間築成的
另類石門水庫
人類是接受
還是不接受？

時間會給我們答案
這是大地震後
老天出給我們的
一道難題

後記：九二一大地震發生的走山現象，使得位於雲林縣與嘉義縣界的清水溪因大量土石崩塌阻斷，形成了一個堰塞湖——新草嶺潭。約有石門水庫大小，是留還是不留？正考驗著水利專家的智慧。

一九九九年十月三日

「走山」，是個新名詞，在九二一之前從未聽過，倒是小時候聽不少「移山」的故事。如愚公移山，樊梨花移山倒海，在《西遊記》中，紅孩兒把泰山和華山移來壓在孫悟空兩肩。這些「移山」故事，在童年時都信以為真，現代兒童因知識發達，大概就不相信了。

在現實裡，真有「走山」，一座山瞬間從一個縣「走」到另一個縣，這是多麼恐怖的力量，只有地球自己「造山運動」能做到。至於新造的堰塞湖如何處置？這是水利專家的問題了。

第十二章　要警惕又來一個九二一

「九二一」大地震後，詩人台客前後有四次現場勘災記錄。第一次是震後一星期（九月廿八日），他約了自己的大哥、二哥和表兄，四個男生一部車同行。第二次記錄日期不詳。第三次是十月九日，他和妻及兩位侄子同行。第四次是十月十六日，他和妻兩人。到十二月時，他又約了詩友傅家琛、汪洋萍和金筑，結伴「災區關懷」之旅。這樣台客等於五度勘災，打破了所有政府官員的勘災記錄。（均見詩集的第二輯）

當時台客正是《葡萄園》詩刊主編，他又善用此一平台，開設「九二一專輯」，有很多詩人發表了作品。次年，台客又編了一本《百年震撼》，蒐集兩岸三地詩人八十餘人為九二一大地震所寫的詩。所以台客為九二一留下很多「詩史」，見證事故過程可以流傳後世，功德無量。賞讀一首〈佛陀的嘆息〉。

佛陀的嘆息
如此的沈重

祂表情嚴肅
祂滿臉惶恐

望著脚下的滾滾紅塵
哀哀泣訴的眾生
祂並非鐵石心腸
祂想要全部拯救

無奈地魔太猖狂
連祂自己也成受害者
瞧，廟宇被翻成廢墟
香爐法器滾了滿地

後記：位於霧峰鄉的萬佛寺，是中部地區佛教勝地。此次大地震因位於斷層帶上，幾成廢墟。而中部地區其他鄉鎮，也有甚多廟宇倒塌。

一九九九年十月三日

「佛陀的嘆息／如此的沈重／祂表情嚴肅／祂滿臉惶恐」。這肯定是詩人發揮了想像力，所創造出來的「詩語言」。事實上，佛陀不論碰上什麼災難，都能保持清淨自在，包含多次被陷害（提婆達多，是阿難的兄長、佛陀的堂兄弟，幾次謀害佛陀均未成。）以及佛陀自己的祖國被滅，佛陀都自在面對。

因為佛陀早已悟道，宇宙之間不外因緣法，沒有無因之果，一切當下發生的事（果），必有因，只是很深遠的因，凡人不知，唯佛能知。賞讀〈有感〉。

大地是活的
請不要欺侮它
不要奪取它森林的子女
不要挖走它土地的寶貝

大地是活的
請儘量尊重它
不要任意傷害
弄得它奄奄一息

大地是活的
再鄭重的呼籲
火山只是小小的警告
大地震則是重重懲罰

後記：希望藉由這次大地震的教訓，能夠讓所有台灣人有所反省，如何和土地共存共榮，而不是一味濫墾濫植。

一九九九年十月五日

詩人的詩語言充滿對人地、對地球的愛，期許大家尊重大地，「大地是活的」，這是很有想像力的詩語言。就詩論詩，是極鮮活而成功的作品。

但我從現實談問題，科學家早已判了地球「死刑」。全球科學家提出「地球第六次大滅絕」加速來臨，且已「不可逆」，因為人類對大地過度破壞。這表示地球正邁向滅絕（所有生物死亡），沒救了。

詩人在後記期許台灣人反省，他可能要失望了。這些年來，土地濫墾濫植，反而比以前更加嚴重，看來人是「不撞南牆不回頭」！一首〈收驚〉。

在樹蔭下
在涼棚裡
在寺廟中
在神壇上

男男女女
老老少少
大家三五成群
慢慢等待

會唸咒語的阿嬤
會起駕的阿公
請您們各展所能
把我們的魂魄尋回

後記：大地震後，「收驚」的民俗療法生意一度大盛，有效否？因人而異。

一九九九年十月五日

筆者小時候也曾被「收驚」治病，我想老一輩人都有印象，因為在傳統農村社會，小兒收驚很流行。總結歷史經驗，這種民俗療法很有效，因此可以流傳下來。

世上很多事不能純從「科學」解釋，人的心理、精神、意識、潛意識，雖現代醫學可解釋小小部份，絕大部份還是得從宗教找答案。而「收驚」可能更神秘！更複雜！難以理解其有效的根本原因。〈活著真好〉。

活著真好
陽光多麼燦爛
青山多麼嫵媚
大地一片光明

活著真好
一大堆一大堆
難以割捨的溫情
紛紛向我包圍

活著真好
難忘那漫漫長夜
與死神拔河
在黑暗的幽冥

後記：大地震後五十小時，受困於倒塌的富貴名門大樓的員林鎮民廖素英，終於獲救。她躺在病牀上，對記者說的第一句話就是：「活著真好」。

一九九九年十月七日

大凡眾生，人類和所有動物，常態下應該都是「活著真好」，從未聞有「死了真好」之說。大家甚至也都知道，有一個「西方極樂世界」，只有眾樂，沒有諸苦。但要叫他明日就前從，却無人願意，打死不肯，因為「活著真好」。台客這首詩，淺易的表達了眾生「樂活」的強烈生命力。

只有在極高深領域（凡人難知），才「死了真好」的實踐。例如，佛陀十大弟子中，上首弟子、智慧第一又有「第二佛陀」之稱的舍利弗，得知佛陀將要涅槃，他便請求佛陀允許他先進入涅槃，佛陀准許，舍利弗回家向家人告別，便涅槃了。

從凡夫來看，這是「死了真好」的力行實踐。但從佛法論之，涅槃並非死亡，趣者可自行查閱經書。賞讀〈那一夜，天搖地在動〉。

那一夜，天搖地在動
一排排的屋宇
像一塊塊巧克力
不停地被擠壓
蹂躪、撕裂著
啊！轟然倒地

那一夜，天搖地在動
睡眼惺忪中
人群四處奔走呼嚎
磚牆、樑柱、門窗
一個個都成冷面殺手
向你襲擊

那一夜，天搖地在動
血，汩汩地流淌
流淌成兩千餘個問號
它們以血塊以殘肢
紛紛地追問
這世界究竟怎麼了？

後記：據統計，此次大地震，全台有兩千四百餘人喪命，九千餘人輕重傷，房屋全倒八千餘間，半倒六千餘間。無家可歸或有家歸不得的災民，達數十萬人。

一九九九年十月八日

千禧年以來，南亞大海嘯死三十餘萬人，倭鬼國的三一一死約三萬，四川汶川大地震死約六萬，我們九二一死了兩千多人。不論多少，都在說明「地球」這傢伙太無常，動不動整死一堆人，眾生命都是可貴，如果可以無災無難多好！

地球因內部是高熱岩漿，才有火山、地震。科學家說，若地球內部沒有岩漿，就沒有火山地震之害，但危害更大，沒有岩漿地球就沒有磁場，太陽的輻射會使生物全部死亡。不知是否屬實？〈地牛的痕跡〉。

地牛的痕跡
一處又一處
如此的觸目驚心
如此的令人痛惜

它撕毀了道路
它崩塌了房屋
它劈走了大山
它阻斷了河流

它呀它呀
讓千千萬萬個同胞
流離失所
傷痛難平

後記：筆者（台客）十月九日前往草屯、集集、水里、中寮、南投等災區查勘災情，處處可見地牛發威留下的痕跡，有感。

一九九九年十月九日

九二一已過二十多年，那些當時就已失去生命的人，必是親人的痛，時間可以撫平這種失親的痛。而當時保住一命但重傷者，也要透過時間療傷，這種一生一世的傷，需由宗教或大愛才能撫平。

近幾年來，科學家又在警告，謂某處地底積累的能量「時間到了」，真是嚇人啊。也有說大屯山火山「活了」，台北市可能成為另一個「龐貝故城」。凡此，多少都是叫人不安。賞讀〈地震寶寶〉。

一聲清脆的哭啼
宣布你的終於到來
眼睛張得大大，手舞足蹈
好奇的望著這個世界

在母親溫暖的懷裡
你曾經歷經一場大劫難

從十樓被狠狠摔向二樓
像乘坐失速的電梯

而你福大命大
竟然毫髮無損
瞧你父母欣慰的臉色
眾人也紛紛前來道賀

後記：十月十八日上午十時，距大地震後二十七天，台北市東星大樓倒塌被救的受災戶許琦婷，於台大醫院產下了一子，取名藍星禧。地震寶寶的降臨，象徵著一個新希望的開始。

一九九九年十月二十日

自古以來，地球上的一切眾生，都面臨著各式各樣的災難。現在科學家所警示「地球第六次大滅絕」，已加速來臨，且已不可逆，這表示更早以前，地球已有五次大滅絕。科學家的警告，證據歷歷，叫人不得不信。

在大滅絕未到之前，人類依然充滿希望的活著，新生寶寶一個個誕生，全球平均而言，出生率大於死亡率，人口將不斷增加。但人口太多問題也多，可能就壓死了地球，危害更大。珍古德曾說：「人類的出現是進化論的錯誤」，這確實是，不知人類這物種未來將如何演化？

不管如何演化！大家仍要好好過日子，事業也要打拼，有錢沒錢三餐都要吃飯。但居安要思危，大家仍要警惕著，另一個「九二一」可能隨時來臨！

第十三章　《發現之旅》祖國大陸行

台客的第七本詩集，《發現之旅》（內蒙古：內蒙古科學技術出版社，二〇〇一年三月）。出版社在「赤峰市」，我好奇查問古哥，赤峰市是吾國內蒙古下轄的地級市，原是昭烏達盟，位在內蒙古東部，華北地區北部，面積約九萬多平方公里。（好大，快三個台灣大）

台客有自序中寫到，「寫詩，也是一種發現之旅。」把人生中所接觸到的喜怒哀樂，慢慢沉澱後理出頭緒，以詩的形式表達出來，也是一趟驚奇的發現之旅。是故，本書百餘首詩，乃以《發現之旅》名之。

本書各輯以年代區分，〈二〇〇〇年卷〉約四十首詩，〈一九九九年卷〉約三十首詩，〈一九九八年卷〉約二十一首詩，〈一九九七年卷〉十五首詩。（註：各卷有一些組詩，到底組詩算一首或多首？並無一致說法，只能以約略視之。）

《發現之旅》也是經由蒙古族女詩人薩仁圖婭之助，由內蒙古出版社出版，書前有薩仁圖婭的序。書末尚有附錄，重慶的馮異、湖北的周達斌各有賞讀作品，最後是台客夫人薛雲女士的一首詩，〈告別〉。

筆者花大把時間功夫，梳理台客這輩子數十年來所出版的十三本詩集，並以「明朗、健康、中國」，為全部作品風格思想的核心總綱。「明朗、健康」，是台客詩作的一貫風格；而「中國」，表示台客詩作的「中國屬性」，更高的層次是台客對中國、對祖國的認同，以身為「台灣人也是中國人」為榮，以這樣的思想意識所成就的中國現代詩。

《發現之旅》詩集中，正好有不少台客的大陸行「祖國詩抄」。這兩章就針對台客的祖國詩寫，賞讀他的祖國情懷部份作品，亦彰顯詩人炎黃子孫、中華民族高度歸屬認同的高貴情操。

二千年六月廿五日到七月七日，台客和三位賞石界朋友，到祖國大陸一趟賞石尋詩之旅。他們行腳六省八大城市，分別是桂林、柳州、來陽、長沙、西安、銀川、巴顏浩特。回來後，台客寫了〈祖國大陸行〉九首，這章逐一抄錄欣賞。〈在柳州的奇石市場〉。

終於來到了
這石頭的故鄉
賞石朋友們的天堂

我多年朝思夢想
在奇石市場上
一邊把玩一邊往復觀賞
如此多的美石、奇石
我興奮得像中了大獎

大化石、靈壁石、墨石
來賓石、太湖石、膽石……
啊！集眾家名石于一堂
我感嘆，在柳州的奇石市場

「這石頭的故鄉／賞石朋友們的天堂」。石頭到處都有，柳州有何特別之處？我好奇問古哥。柳州在廣西中北部，面積有半個台灣大，確實是中國奇石基地。

主要有兩處，一是箭盤山奇石園，是中國奇石專類區，位於柳州市屏山大道中段北側，主體建築是「八桂奇石館」。另一是柳州奇石城，是賞石基地，位在柳州市東環大道。整體而言，「柳州奇石甲天下」，實至名歸。〈拾取一塊黃河石〉。

拾取一塊黃河石
擺置于我的桌案上
整個黃河的風景
突然呈現在眼前

這是一塊彩霞石
有彩霞漫天璀璨
這是一塊星辰石
有星辰烏雲中掩映

在黃河的岸邊
一片礫石累累的南長灘
我躬身仔細搜尋
我張大眼睛尋覓
拾取一塊黃河石

擺置于我的桌案上
整個黃河的思念
突然湧到了眼前

生長在台灣的中國人（註：在兩蔣時代，大家都有強烈的認同感，自己就是中國人，從大漢奸李登輝開始洗腦變質。）一生一世，就是想至少一次親臨長江或黃河岸，感受「母親河」的情懷。

台客和我是同時代的人，對祖國文化有共同的認同感，也曾結伴同遊祖國山水。因此，他的詩句「拾取一塊黃河石／擺置于我的桌案上……整個黃河的思念／突然湧到了眼前」。我完全能感受，我不僅拾取黃河石，也有長江石。〈點將台〉。

一塊斑駁的土堤
黃沙漫漫中突起
當地嚮導說
這是當年的點將台
彷佛有千軍萬馬

土堤下盔甲鮮明
彷彿是岳武穆
土堤上正慷慨陳辭

而狂風恒數千年吹襲
而國事恒如天上浮雲變幻
點將台，如今只剩得
遊客們匆匆路過的一瞥

附註：點將台，位于銀川往內蒙古的賀蘭山隘口公路邊。

我們中國有文字（含甲骨文和更早的圖像文），約有六千年歷史，沒有文字的史前史，至少有五十萬年。如此漫長的時空中，無數中國人（含史前古中國人），在神州大地打拼過日子，使得每寸土地都有古跡。

賀蘭山隘口的點將台，歷來有三種說法，樊梨花、岳武穆和蒙恬。依據考證，應是唐代巾幗女英雄樊梨花的點將台，她率軍西征曾踏上銀川賀蘭山。賞讀另一首〈在賀蘭山隘口〉。

刀兵遠了
爭戰遠了
只有漫漫黃沙
依舊千年吹襲

一段傾頹的古長城
黃沙堆中
似乎猶在訴說
當年戰役的慘烈

而筆直的公路
向天邊無限延伸
似一只友誼的手
拉緊著雙方的距離

在冷兵器時代（人力），中國的敵人來自西到北的草原遊牧民族，而賀蘭山正是此一區域的戰略要地。因此秦統一天下後，蒙恬築長城就包含賀蘭山，以後歷代此處幾乎都有戰事，直到熱兵器時代，敵人（如八獸聯軍）改從海上入侵；目前由邪惡美帝率「新八獸聯軍」又來，只敢叫一叫，刷存在感，啥也不敢做！中國崛起了！真要玩真的，打一仗，牠們會死的很慘。〈漂黃河〉。

這是生命的河
這是母親的河
浩浩蕩蕩，向東
它一路向東流

乘一艘小船
順流而下
船似一張樹葉
在湍流中飄浮打轉

咩咩叫的羊群
黃土高坡上
集體行著注目禮

似在歡迎遠道的稀客

隱約的人影顯現
荒涼的郊野
相互呼叫、吹哨
喚醒童年的記憶

載浮載沉
我們的羊皮筏子
冲破層層急湍、冲出
惡名昭昭的黑山峽

這是生命的河
這是母親的河
今夏，在母親的懷中
享受一次難忘的回憶

附註：黑山峽，位于甘肅、寧夏交界的黃河段。

黃河是中國的母親河，凡是中國的詩人作家，幾乎都以黃河為主題有過作品。例如，《黃河大合唱》中的選曲，〈河邊對口曲〉和〈保衛黃河〉、〈黃河頌〉。（以上都是光未然詞、冼星海曲）

黑山峽，是黃河上游最後的大峽谷，也是上游最後一個尚未開發的河段，蘊藏著豐富的水力資源。早在一九五四年就編制完成「黑山峽水利工程案」，近年重新提出新的建設方案，相信不久將改變「惡名昭昭的黑山峽」。另一首〈黃河的女兒：贈娜夜詩友〉。

一把傘，撐起
兩岸的友誼
黃河的女兒
有一顆最善良的心

款款絮語，殷殷接待
萬里而來的賓客

黃河第一橋旁，合影
見證不凡的友誼

友誼，我們的友誼
像身後的鋼骨大鐵橋
雖數十年風雨澆淋
依舊，歷久而彌新

後記：七月五日我們抵甘肅蘭州，承蒙詩友娜夜女士接待，同遊黃河大鐵橋，并合影留念，因以記之。

兩岸人民同文同種，脫離政治干擾後，其實都是一見如故，完全沒有隔閡，這是我的親身經驗。談話聊天、使用典故成語、講笑話，完全相互可領會，有如同胞兄弟，「兩岸一家親」是很真實的存在。

台客這首詩就有這樣的情境，「雖數十年風雨澆淋／依舊，歷久而彌新」。數十年從未見面的詩友，一見如故，「見證不凡的友誼」，因為我們是同胞。欣賞〈古都春意：贈西安楊瑩、王式儉二位詩友〉。

幾千年的古都
却有了新意
當我以獨行俠姿態
悄悄踏上這一片土地

是您們以殷殷盛情
款待這位萬里的遊子
數載詩緣，緣慳一面
如今上天賜下好機緣

賞石談詩話家常——
在密斯楊的家中
喝酒吃雞說《葡萄》——
在密斯特王的住宅

就這樣我們歡愉了

一整個下午晚上
直到第二天清晨
我帶著滿臉的春意離開

我們中國的西安，古稱長安、京兆、鎬京、西京，位在陝西省內中南部、渭河平原正中。西安有三千年建城史，先後有十三個王朝在此建都，包含周、秦、西漢、前趙、前秦、西魏、北周、隋、唐等，故稱千年古都。

身為生長在台灣的中國，竟有如此美好的機緣，在祖國的千年古都，與詩友把酒話家常。這種感覺是什麼?定是一生難忘，最美的回憶，再筆之於詩。〈贈石：感謝何呼格吉勒圖盟長〉。

贈石
以一粒戈壁的山形
當我滿心歡喜
正盤算著價錢高低
以滿臉的豪氣

您堅持著
金錢已無法估量
這顆石代表着友誼

內蒙古和台灣
緊緊的握著手
邊送客您還邊説：
「下次記得再來……」

後記：六月三十日，我們前往巴顏特市前政協主席何呼格吉勒圖家中尋石，盟長以茶水、餅乾招待。閒談中談及台灣去年的大地震，我即從背包拿出《見震九二一》一書，簽名相贈。後來我相中了他桌上的一粒山形戈壁石，盟長起初開價人民幣三百元，後來堅持贈送，不收一分一毫，令我十分感動。

「友情無價」，這是當然。人世間最不能以金錢評量，就是親情、友情、愛情，凡是涉及「情」字都是無價。所以常言道，人情難還，這是有道理。

但筆者有個習慣，對這種友誼的「回報」，我通常不會止於「口惠」，而是用實質上的「好禮」回報。如果台客和詩中盟長仍有聯繫，可將本書寄贈，贈詩以外加上贈書，友誼永固。〈黃河星辰石：參觀西安「醉磊園」後有贈〉。

凄迷大海上
浮出的一輪明月
朦朧夜空中
升起的一個玉盤

浩瀚宇宙中
恒河星系漫布
太陽系的世界裡
群星們忙著自轉公轉

而這只是一顆黃河石
而這只是一粒河洛石
地層以千百年的裂變

水流以億萬次冲刷

後記：本年七月六日筆者前往西安，經詩友楊瑩安排，前往參觀藏石家徐善明（外號石頭）的「醉磊園」，對其收藏豐富的黃河星辰石，有感而作。

台客的祖國大陸行是一場豐收之旅，友情的豐收、詩歌的豐收、寶物的豐收。而在最高層次的豐收，是再次壯遊神州大地，感受血濃於水的親情，正是鄉愁的滿足。

鄉愁的理解（滿足、追尋）有三個層次，初級是自己出生地或父母祖居地，中級是祖國和民族認同。最後終極鄉愁是人生或宗教上最後的歸宿的追尋。

第十四章　祖國九州行友誼大豐收

公元二千年六月底到七月初，台客才完成十三天的大陸祖國行，回家才兩個月，又啟動了半個月的「九州行」。可見台客對祖國山河大地人情，是極為嚮往而牽念的，民初高僧弘一大師說：「生中國人最難得」，台客應是最能悟出其中真義與光榮的台灣人。

二千年九月十日到廿四日，台灣中國詩歌藝術學會應北京中國作家協會之邀，前往成都、重慶、北京等地訪問。台客是會員，搶在眾多會之前第一個報名參加。會後，台客又自行前往鄭州、洛陽、開封、深圳等地訪友旅遊，台客在大陸各省縣市，有很多文友和粉絲，可見他在神州大地知名度很高。

九州行台客和不少詩友會面，事後也寫了贈詩，計有劉小平、薩仁圖婭、李琦、李小雨、席卉芳、孟彩虹、郭曉平、樊洛平、開封諸詩友等。這章賞讀這些台客贈詩友的作品，使友情的芬芳永流傳。第一首是〈贈我一本《清江石》：贈劉小平詩友〉。

贈我一本《清江石》
仔細的翻閱
一頁頁彩色的石畫
一頁頁彩色的友情

我本是台島的一粒大漢石
你本是鄂西的一粒清江石
兩顆石卻因詩的緣故
激蕩出友誼的花朵

時間是如此短促
我們僅能無奈地擁抱告別
在宜昌從北京的列車上
我翻閱著石書，也翻閱著你

二〇〇〇年九月十九日

後記：九州行一行十餘人，匆匆路過宜昌，詩友劉小平遠從長陽縣前來相見，知我愛石，特贈我《清江石》一冊，情感真摯，友誼長存，因成此詩以贈。大漢石，因筆者所住縣份，有一條大漢溪流過，故以此喻之。

詩人感情都純真直白，「我本是台島的一粒大漢石／你本是鄂西的一粒清江石」。石頭最純樸，用以形容友誼的純誠，因詩的緣故，成就兩岸同胞友誼。「時間是如此短促」，化成一首詩，到了二〇二二年，又活在另一本書上，給更多的人「也翻閱著你」。

長陽縣，是湖北宜昌市所轄的一個自治縣，是土家族自治縣。土家族是我們中國第八大民族，分佈在鄂、湘、渝、黔毗連的武陵山區，總人口約有九百五十多萬。另一首〈朝陽的火焰：贈薩仁圖婭〉。

朝陽的火焰
從五百公里外向南延燒
在北京的安徽大廈裡
眾人驚呼

這是一團
熱情的火焰
它燃醒了九州大地
溫暖了異鄉人的心

這是一團
熾熱的火焰
它燃燒在我心中
我很舒服也很痛苦

二〇〇〇年九月廿二日於北京安徽大廈

後記：蒙古族著名女詩人薩仁圖婭，身穿一件火紅上衣，開了五百多公里的車，遠從朝陽市前來和九州行的詩友們見面，令人十分感動。

開車五百多公里來會詩友，辛苦又感動，台灣頭到尾才四百公里。一件火紅上衣就「燃醒了九州大地／溫暖了異鄉人的心」，可見女詩人有不凡的功力。

但詩最後兩行，「它燃燒在我心中／我很舒服也很痛苦」。此處，詩中暗藏玄機，詩人心中燃燒，是愛苗嗎？頗令人玩味！賞讀〈黑龍江的春天：贈李琦〉。

黑龍江的春天
在金秋時節到來
我聽到了百鳥在爭鳴
我看到了滿園正花開

妳帶來了整條松花江
我聽到了浪花滔滔拍岸的聲音
妳帶來了整座長白山
我看到了林木森森壯闊的景象

妳是北地兒女的代表
從妳寫滿春風的臉龐
我讀到了黑龍江的奔放

也聽到了呼蘭河的呢喃

二〇〇〇年九月廿三日晨寫於北京

後記：黑龍江文學院院長著名女詩人李琦，遠從哈爾濱坐火車前來和九州行全體團員見面，盛情可感，因成此詩以贈。

「妳帶來了整條松花江」，這是好大的禮物，「妳帶來了整座長白山」，這是如神之力才能「移動」這種大禮。當然，這是詩語言的張力和想像力，形容詩友李琦有一種超越凡人的氣勢。

詩中提到三條我們中國著名的江河：黑龍江、松花江和呼蘭河。三者都很容易引起許多「台灣人」的鄉愁，尤其松花江，因有一首很流行的〈松花江上〉（張寒暉詞曲），老一輩人常邊聽邊唱邊掉淚，極為感傷。賞讀〈及時到來的小雨：贈李小雨〉。

從江浙起就一直飄
是幾百公里啊小雨

在北京中國作協裡
妳，終於化成一場甘霖
一場甘霖，淋在我們身上
多麼愉悅，多麼舒暢
我們互相握手交談
我們擁抱了又擁抱
小雨來的正是時候
小雨來的正是時候
九州行因妳的到來
倍感溫馨，倍覺開懷

二〇〇〇年九月廿五日于鄭州

後記：名詩人李小雨前往江浙一帶開會，因聞九州行一行抵北京，將于九月廿四日下午，在中國作協舉行座談會，特別趕回見面，其情感人，因成此詩志之。

兩岸開放後，我也多次到大陸參加詩人作家的交流活動。如我之前所述，兩岸文友幾乎全是第一次見面，但一見如故，如親人話家常，都沒有距離。分別時就如台客詩「我們擁抱了又擁抱」，真是好感動！

曾幾何時！才二十年，台獨妖魔在年輕一代進行大洗腦，利用媒體大搞「仇中、反中」意識。兩岸從熱烈交流，到如今全無往來，另人浩嘆！另一首〈芬芳的花卉：贈席卉芳〉。

芬芳的花卉
在北地裡開放
花香卻被掩蓋
在那茫茫的草原大海

當我們到來
妳勇敢地走出草原
以羞澀卻又果決的芬芳
綻放在我們眼前

寫詩忘了飢餓
愛詩甚于生命
妳，豐富了詩的王國
詩，帶給妳無盡憂愁

二〇〇〇年九月廿五日晨於鄭州

後記：熱愛寫詩的年輕女詩人席卉芳，由外地遷來北京謀生，居大不易，生活並不順遂。當我團抵北京時，却熱情相迎，因成此詩以贈。

年輕的女詩人席卉芳，台客說她居大不易，生活不順遂。不知可否用「窮而後工」「賦到滄桑句便工」與她共勉？假如可以，把自己的欲望降低、降低、再降低，便一定可以成為一個自在快樂的現代詩人。賞讀一首〈濃濃的鄉情飲我：贈開封諸詩友〉。

濃濃的鄉情飲我

我醉了，在這片古老的大地
當我懷著孺慕之心
踏上這塊土地

濃濃的親情飲我
我醉了，在這片古老的大地
感謝您哪，兄弟姊妹
一次的敬酒一次次的碰杯

濃濃的離情飲我
我醉了，在這片古老的大地
開封熱情的詩友，我會記得
在長長海峽彼岸的那一端

二〇〇〇年九月廿六日于鄭州

後記：九月廿五日，由鄭州前往開封，承蒙詩友孔令更、孫富山、齊遂林、唐翠芳、郝翔飛、李廣喜、孟彩虹、木魚、韓芳、源樂法師等的接待，謹以此詩，表達謝忱。

這首詩以鄉情、親情和離情，三種心情來形容台客和開封諸詩友短暫相處的感受。尤其「親情」的感受，是一種血緣關係的情份，必然要對身為中國人有高度認同，才可能產生的內心情懷。

弘一大師李叔同曾說：「人生有三難得：明師難遇、佛法難聞、生中國人最難得。」台客對後者最有領悟，這輩子就是要好好當個中國人，他這一生的文學詩歌創作，也定位在「明朗、健康、中國」的核心總綱上。〈彩虹的故事：贈孟彩虹〉。

一道彩虹
高掛在鄭州的天空
當我抵達時
她顯得份外嫵媚而柔美

這是一道纖細的彩虹
這是一道靈性的彩虹

彩虹有彩虹的故事
每一段都令人揪心而動容

她悄悄為我細述
她靜靜為我細述
一場閃電雷鳴狂風大作
終於消失無踪天清氣朗

這是一道堅強的彩虹
這是一道樂觀的彩虹
彩虹呀彩虹，祝福妳
遠天群星永遠為妳歌頌

二〇〇〇年九月廿六日于鄭州

後記：女詩人孟彩虹，日昨陪我前往開封會見詩友，沿途為我講述她的人生坎坷際遇，有感。

遙想十一年前，二〇一一年九月十日，台灣地區有台客、吳信義、吳元俊和筆者等六人，與鄭州大學教授郭曉平和樊洛平，及詩人孟彩虹、海青青等，在這日度過美麗的「鄭州之夜」。一行人又到「孟彩虹茶館」，喝酒、飲茶、唱歌，此情永在！（可詳見《金秋六人行》（台北：文史哲出版社，二〇一二年三月）。

十年際遇兩茫茫，「江湖夜雨十年燈」。不知這彩虹妹妹如今混的怎樣？希望她平安健康，其他都是次要。〈贈我一瓶杜康酒：感謝双平〉。

贈我一瓶杜康酒
濃濃的酒香
濃濃的離愁
一起湧上了心頭

這是一瓶鄉色酒
有故鄉的山山水水
有故鄉的亭台樓閣
更有您們時時關懷的臉色

這是一瓶友誼酒
友情之香勝過酒香
親情之音勝過酒香
飲啊！一飲就醉入鄭州

二〇〇〇年九月廿八日于鄭州大學

附記：雙平者，指郭曉平、樊洛平夫婦。我于二十四日晨抵鄭州後，前後五天承他們夫婦倆無微不至的招待，臨行前又贈我一瓶杜康酒留念。

在台客這本《發現之旅》，尚有不少記祖國勝景的詩。另在〈一九九九年卷〉，有〈從台島上北望：致薩仁圖婭大姊〉、〈甜蜜的負擔：送洛平妹出關〉、〈沒有人再能欺侮妳：贈洛平妹〉。可見他們有深厚的情誼，這份詩緣親情的傳奇性，足可流傳後世，成現代中國文壇佳話，空間阻隔不了他們的心心交流。

按台客記述，台客和蒙古族詩人薩仁圖婭，及鄭州大學文化與傳播學院教授樊洛平，因十分投緣。一九九九年「兩岸女詩人學術研討會」在台北舉行，這兩位大陸著名女詩人來台參加。會後台客陪同她們南下旅遊，七月八日在高雄市義結金蘭，是為現代版的高雄三結義。

第十五章　《台客短詩集》欣賞

《台客短詩選》（香港：銀河出版社，二〇〇二年六月）。這是一本小冊型選集，為香港銀河出版社策劃《中外現代詩名家集萃》中，台灣詩叢系列之一。所以，詩選集的出版，是詩人響應現代中國詩壇的一個盛事。

第六屆國際詩人筆會在中國大連召開，同時二〇〇二年世界詩人大會將在中國舉行。為使中國詩壇和世界詩壇加緊地聯系在一起，也使中國現代詩藝術在世界詩壇上，有更深遠的影響，香港銀河出版社推出《中外現代詩名家集萃》，作為第六屆國際詩人筆會和第二十二屆世界詩人大會之獻禮。這些都是二〇〇一年就開始策劃，並已完成（如今已是詩史）的詩壇大業。

在「中外現代詩名家集萃」之下，台灣地區有五十位名家入選，每人均出版一本短詩選（中英對照）。這五十位名家如下：鍾鼎文、彭邦楨、周夢蝶、孫家駿、余光中、文曉村、管管、金筑、大荒、丁文智、宋穎豪、麥穗、魯蛟、邱平、痖弘、碧果、王祿松、莊柏林、藍雲、一信、李政乃、岩上、林煥彰、張健、涂靜怡、古月、喬林、汪啟疆、落蒂、尹玲、張清香、蕭蕭、沙穗、龔華、簡政珍、白靈、台客、鍾順文、詹澈、劉小梅、趙衛民、游喚、陳素英、張國治、謝佳樺、琹川、歐陽柏燕、洪淑苓、莊雲惠、楊寒。

以上五十名家，每一位在台灣地區乃至兩岸，也都算是著名詩人，例如台客在大陸至少有上千粉絲。有的在大陸抗戰時期已是名家，如鍾鼎文。

這本中英對照的《台客短詩集》，有詩二十五首，從台客以往作品集選出。本章就賞讀以往沒有出現的作品。〈雨中的日月潭〉。

雨中的日月潭
一幅渾然天成的
山水畫

白雲靜靜地
依偎在青山身上
綠水靜靜地
倒映著藍天
幾隻小舟在碼頭

任意地停泊

三、兩隻水鳥
打水面匆匆
飛掠而過

雨中的日月潭
一幅不用渲染
不用着墨
道道地地的　山水畫

詩如畫，畫如詩，這是詩或是畫？亦詩亦畫，乃中國詩畫一體的意境，在這首詩呈現了出來。由山、水、雲、鳥、舟五個中國傳統畫的五元素，布局成一首詩，也是「渾然天成」。讀到這首詩的人，他遲早會到日月潭一遊，已遊過的還想重遊。賞讀〈我是一粒石頭〉。

我是一粒石頭
又堅又硬

躺在激湍的河床上
風來襲我
雨來打我
甚至空中那隻飛鳥
灑落幾滴糞滴在我身上
我都不在乎

我始終報以微笑
對嚴酷的風雨
對和煦的陽光
對無知的群鳥
對多情的流水

我始終報以微笑
且把臉龐
迎向前方

這首詩明寫石頭，實喻詩人自己的人生觀或面對這個世界的態度。詩人如石之堅定，不被一切外在環境的左右，以堅定的態度，樂觀的心情，迎向未來，積極前進，走自己的路，做自己想做的事。

這詩也像一個修行者，堅定不移的苦行苦修，鳥灑糞在頭上也不在乎。二千五百年前，佛陀在菩提樹下修行，鳥灑糞在佛陀頭上，依然不為所動，這是強大的定力。從這首詩看到，詩人也有強大的定力，才能無畏面對人生一切風雨。清〈長江斷想〉。

想你啊想你
是一條長長的索鏈
橫穿於神州大地
拉緊著中國人的距離

想你啊想你
是一隻飛天的巨龍
有時高飛於天空

有時又潛伏於地

想你啊想你
是一截小小的腰帶
繫緊於我的腰間
遂有了長江的思念

長江和黃河，是兩條孕育中國文明文化的「母親河」，凡是中國人對這兩條江河，必有如親人般深厚的感情。「拉緊着中國人的距離」，這是一種強大的功能。

連續三個「想你啊想你」，想念長江就是想念祖國，擬人化有如想念母親，就像繫在身上的一截腰帶，則更為形像化。但這種親情般的思念，源自內心對自己的祖國、文化的根，乃至詩歌的根的一種眷戀。另一首〈火車駛過巴蜀大地〉。

哐噹，哐噹
火車駛過巴蜀大地
像一頭奔騰的巨龍
像一支古老的歌

哐噹，哐噹
火車駛過巴蜀大地
夜神，正拉緊着風衣
四周靜悄悄一片沉寂

哐噹，哐噹
火車駛過巴蜀大地
臥於牀上，身似一葉扁舟
飄浮於茫茫的夜之大海

哐噹，哐噹
火車駛過巴蜀大地
且讓我俯耳靜聽
這古老的大地深沉的嘆息

哐噹、哐噹……很悠閒的浮游在神州大地，是何種神妙的感覺。神州廣闊無際，故能讓人無盡神遊，如一葉扁舟在太空飄浮著，回望之神之州，真是神啊！

祖國各省縣市區，核心到邊陲，台客大約都走過，每次都有不同感受。這回是「火車駛過巴蜀大地／且讓我俯耳靜聽／這古老的大地深沉的嘆息」。土地不會嘆息，嘆息的是詩人，為何嘆息？必是嘆息祖國不夠強大。這詩寫於二千年九月的〈九州行〉，那時祖國確實弱，沒有超導彈、沒有航母、沒有超電腦、沒有……

賞讀〈髓緣：記一次兩岸跨海捐髓〉。

一點一點的抽取
這是台灣的骨髓
一滴一滴的植入
這是大陸的身體

因為有緣
寬闊海峽不是距離
因為有愛
它才飛越千里萬里

（風急雨急
車急人急
電視機前所有關切的
兩岸同胞的眼睛更急）

終於，台灣的骨髓
移植入大陸的身體
如今，誰還分得清
台灣和大陸的距離？

二千年時，距今也不過二十二年。那時兩岸氣氛多美好，這才是「兩岸一家親」，這才是同胞情，「誰還分得清／台灣和大陸的距離」。兩岸都是炎黃子孫，兩岸都是中華民族，兩岸都是中國人，永遠不可能分開！

可惜，才不過幾年的政治洗腦，台獨偽政權已將兩岸洗成了仇人。真令人無言以對！賞讀〈九一一襲美事件〉。

四百年前的預言實現
兩兄弟同時罹難

濃濃黑煙中，撒旦
露出了邪惡面孔

舉世無匹的巨人
也有脚後跟罩門
和平大鳥變成炸彈
炸開了第一場戰爭

戰爭，似人間車禍
總是一再發生
和平，如天上寒星
永遠閃爍不明

「九一一事件」發生，對人類文明文化的演進，有很正面、很經典的價值。可詳見筆者著，《第四波戰爭開山鼻祖賓拉登》（台北：文史哲出版社，二〇一一年七月）。簡言之，從四個大方向看「九一一」的經典功能，使地球上多數人類得福得利益。

「九一一」是美國衰落的開始，打了二十年反恐戰爭，把自己打垮了。美國走上衰落已不可逆，美國一垮，地球上的白人國家全垮，白人乃邪惡的物種，白人國垮了，其他各民族得福得利益。

「九一一」後，美國對地球上人口最多的伊斯蘭教國家，政策有了轉變，伊斯蘭子民得福得利益。而賓拉登，順理成章成了伊斯蘭世界的英雄。

「九一一」也是第四波戰爭的開啟。按戰爭史看，農業時代是第一波戰爭，工業革命開啟第二波，一九九〇年波灣戰爭開啟第三波，賓拉登開啟第四波，打破美國人認為「地球上沒有任何武力可以攻擊美國本土」的神話。

「九一一」給我們中國二十年發展機遇，二十年前中國在美國面前，只能「乖乖站好」，現在我們開始硬起來、強起來！老美開始怕怕！沒想第二個機遇又來了！俄烏之戰，對中、俄都大大有利，白人國大大不利！

我從軍事戰略看九一一事件，台客是詩人，自然是從詩眼看世界，「戰爭，似人間車禍」真是美妙的形容，美妙的詩句。「和平，如天上寒星／永遠閃爍不明」，和平在那遙遠的地方，給人希望，給人想像！

第十六章　《星的堅持》神州百大最美禮贊

《星的堅持》（重慶：重慶出版社，二〇〇五年六月）。這是台客第八本詩集，在大陸出版的第三本，是經由四川詩友傅智祥的盛情協助才出版。

書前有老詩人王幻和麥穗的序。詩集分五輯，第一輯〈寶島詩旅〉、第二輯〈神州、海外詩旅〉、第三輯〈懷念與有贈〉、第四輯〈感時〉、第五輯〈星的堅持〉。我意外發現在第二輯的神州之旅作品中，有些作品寫的正是曾經入選「中國一百個最美的地方」，如孔府孔林孔廟、泰山、西湖、石林、洱海、壺口瀑布、絲路月牙泉、德天瀑布。本章就欣賞這些入選「百大」的詩作景點。

孔　廟

萬仞宮牆裡，曾經

演繹流傳着幾多肅穆

而今，遊客們熙熙攘攘
連柱上的盤龍都想高飛

孔　府

生前，他家徒四壁
周遊列國惶惶不可終日

死後，加官晉爵
皇帝又把他府宅翻了又翻

孔　林

荒草凄凄林木深處
隱隱碑與墓

不斷地不斷地訴說

幾千年來孔家故事

孔廟在山東曲阜城南門內。孔子逝世於周敬王四十一年（前四七九年）夏四月，次年魯哀公下令祭祀孔子，把他住的屋子當作廟宇，這是孔廟興建的開始。到了漢高祖劉邦十二年（前一九五年）十一月，到魯國用「太牢」之禮祭祀孔子，開創帝王祭孔之先河。

孔府，也叫衍聖公府，是孔子嫡長孫的府第。衍聖公是北宋至和二年（一〇五五年）宋仁宗賜給第四十六代孫的封號，宋代衍聖公府附設在孔廟東側。明洪武十年（一三七七年）第五十六代衍聖公孔希學重建，成為獨立的衍聖公府，明弘治十六年（一五〇三年）重修。

孔林，也叫聖林，是自孔子死後的孔家子孫墓園。從孔子到民國八年（一九一九年）的第七十六代孫衍聖公孔令貽葬在這裡，孔林在曲阜城北門外。

孔廟、孔府、孔林，是中國儒家文化的象徵，保存有大量古建築群和珍貴文物，集人文和自然之美所在，可以說是中國之鎮國之寶。可以說，「儒家文化思想在，中國在；儒家文化思想不在，中國便不在。」賞讀另一首〈泰山詠〉。

一顆碩大的玉璽

莊重地蓋在
齊魯大地

東海舉萬斗潮水歡呼
黃河獻上金帶擁護
還有汶、泗、淮諸水
紛紛前來朝覲

累累巨石堆疊出它的傲偉
層層峰巒排列出它的壯麗
還有那一棵棵松，崖頂上
站成了國畫中的風景

一塊碩大的紙鎮
隆重地鎮住
齊魯大地

泰山，古稱岱山、岱岳、岱宗、泰岳，為我們中國五岳之首，素有「五岳獨尊」之稱，因而被封「天下第一山」。山勢雄奇，飛瀑松濤，雲烟嵐光，成為中國山水名勝集大成者。

泰山主要名勝有五十六處，其中旭日東升、晚霞夕照、黃河金帶、雲海玉盤，被稱泰山四大奇觀。而位在松山北、處高阜之上的「泰山十八盤」，最是吸引文人墨客，在此觀景高歌頌詩。

泰山的名聲，除自然景觀外，更有豐富的人文文化。從秦始皇開始，曾有七十二位帝王到泰山舉行封禪祭典大禮。一座自然山岳，受到歷代統治者親臨封禪，延續數千年之久，堪稱是我們中國獨一無二的精神文化象徵。此詩把泰山比喻成「玉璽」「紙鎮」蓋在、鎮住「奇魯大地」，頗有創意。賞讀〈遊西湖〉。

寶石山上
一塔高高聳立
似在說著
看我一枝獨秀

蘇堤　白堤

一把把大柳綠傘
撐開，一群群歡樂
紅男綠女走過

而湖面的大稿紙上
幾隻船兒正緩緩地
緩緩地寫著
春到人間

陽春三月的西湖，鶯飛草長，蘇白兩堤，桃柳夾岸。兩邊水波瀲灩，遊船點點，遠處山色空濛，青黛含翠，西湖美景四季都有。夏日賞荷，秋夜月光照三潭，冬雪中有紅梅，四季有不同風采。

蘇堤紀念蘇東坡，白堤紀念白居易，這是杭州人永懷蘇、白二人對杭州的貢獻。西湖十景自古以來，都是詩人畫家頌揚的對象，如宋代名畫家張擇端的《南屏晚鐘圖》，今有「現代白居易」台客題詩，為西湖增一亮點。賞讀〈石林的幻想〉。

一

幾萬年前
一位天國上將
率領一大隊人馬
前來彩雲之南作戰

他們被敵軍打敗
匆匆潰逃至此
四處是丟盔棄甲
四處是折戟斷劍

將軍無顏返國
愁苦在湖畔踱步
一陣寒風嗖嗖吹來
這裡的一切化為石頭

二

又幾千幾萬年過去了

風吹雨打時空轉換
折戟悄悄地覆合
斷劍重新又磨利

將軍與士兵們
全部恢復了生命

他們重整旗鼓準備再戰
卻見四周圍滿了外星人

詩人也是一個幻想家，往往可以無中生有，製造動人的故事。按石林的形成，彝族人民確實流傳著一個天神的故事，使單純的自然美景，有了人文色彩。

石林在我們中國雲南省彝族自治縣境內，是一種石灰岩岩溶喀斯特地貌形態，形成於二億多年前，這裡是汪洋大海。石林和北京故宮、西安兵馬俑、桂林山水，是我們中國四大旅遊勝地。賞讀〈洱海吟〉。

你是海？
你不是海。
你不是海？
你又像極了海。

你有海的雄渾，
你有海的遼闊；
你有海的子民，
你有海的碼頭。

海卻沒有你的純樸，
海也沒有你的可愛；
你是有耳朵的海，
可聽到詩人對你的贊嘆？

洱海，在我們中國的雲南大理白族自治州，一個風光明媚的高原淡水湖，海拔一千九百公尺。湖面北起洱源縣江尾鄉，南到大理市下關鎮，形如一彎新月，湖面積二百五十平方公里。

「水光萬頃開天鏡，山色四時環翠屏」。蒼山洱海的美麗風光，三島四洲五湖九曲，流傳千百年勝景，也留下濃厚的人文色彩。洱海是白族祖光發祥地，也是大理古文明的搖籃。如詩人所言「你是有耳朵的海」，能聽懂人的語言，故能創出大理文化。〈壺口瀑布掠影〉。

一

轟——轟——
奔騰了幾千公里
那條溫馴的
黃色巨龍，終於
大　吼　一　聲

二

群水嘩然
鋪天蓋地
從四面八方

往同一個方向
衝——

三

有人在岸邊
沉思
有人在岸邊
神采飛揚
有人想縱身一躍
享受凌虛御空

四

咔嚓咔嚓咔嚓
所有的底片都忙祿
攝下　龍的怒吼
攝下　龍的咆哮

攝下　龍族子孫的驕傲

五

黃河灘上
那個抽著桿煙牽驢老人
憨憨的笑著
他臉上的風霜
比黃河灘的泥濘
還多

六

飛躍
以一輛汽車
定格
柯大膽的聲名
猶堪堪懸在瀑布上

附記：柯受良，外號柯大膽。兩岸以汽車飛躍黃河第一人，目前在壺口瀑布岸旁建有紀念碑以記之。

「黃河之水天上來，奔流到海不復回」。大詩人李白勾畫出大河奔流的壯觀景象，滔滔巨量河水從千米河床排山倒海湧來，驟然歸于二三十米的「龍槽」，形成了極為壯觀的壺口瀑布，是我們中國第二大瀑布。

壺口瀑布位于山西省吉縣西南，地處九曲黃河中游，與陝西省宜川縣相鄰。瀑布兩岸石壁峭立，河口收束狹如壺口，故名。明代詩人陳維藩在其〈壺口秋風〉詩曰：「秋風卷起千層浪，晚日迎來萬丈紅」；今有現代詩人台客詩曰：「群水嘩然／鋪天蓋地……龍族子孫的驕傲」，除了景觀真實寫照，再昇華到咱們中國的民族意識。現代愛國詩人台客，贊頌你！以你為榮！

在瀑布正中，有一塊「龜石」，隨水位漲落而浮動，極為神奇。以往船行到壺口要靠人在岸畔拉縴繞行，因瀑布呼嘯，驚嚇得鳥也不敢飛過，自古就有「旱地行船、飛鳥難渡」奇談。

柯受良（一九五三─二〇〇三），外號柯大膽，綽號小黑。浙江省臨海縣人（出生在漁山列島），飛車特技表演藝人，有「中國第一飛人」「亞洲第一飛人」之名。

他曾駕車飛越長城、布達拉宮。一九九七年六月一日，為慶祝香港回歸，駕車飛越壺口瀑布（現場有紀念碑）。賞讀〈游德天跨國瀑布〉。

隱藏在群山萬壑中……
似一足不出户的名門閨秀
千百年來它默默壯麗於此
卻少有人得緣識見

……

五十三號界碑
豎立在瀑布上方
風侵雨蝕讓它顯得斑剝
它正不斷訴説着歷史的滄桑

春歸界河啊這一條
孕育了跨國瀑布的大河

它源自中國流向越南
在此又重回母親的懷抱

據説從此一路蜿蜒
到十里遠的碩龍小鎮
處處風景絕美
呈現著異國風光

附註：德天跨國瀑布，位于廣西省大新縣的中越邊界。瀑布寬約二百公尺，落差七十公尺，縱深六十公尺，三級跌落，氣勢磅礴，蔚為壯觀。在中國部份稱德天瀑布，在越南部份稱板約瀑布。

「五十三號界碑」，是西元一八八六年清廷代表李鴻章，與越方簽定和約後所立界碑之一。

（這首詩有十段，僅引其四段賞閱）

廣西大新縣碩龍鄉德天村，村莊裡一條氣勢雄偉的大瀑布，亞洲第一，世界第二大的跨國瀑布。這瀑布源於廣西靖西縣的歸春河，它流入越南，又流回廣西，所以台客詩說它又「重回母親的懷抱」。

德天景區名勝眾多，明仕田園風光、沙屯多級疊瀑、黑水河、雷平石林、水上石林、恩城山水和自然保護區。當然，最是絕美就是德天瀑布，四季景觀都不同，每一季都有特別的媚力，有如人間仙境，遊客來了都不想離開。很神奇吧！

賞讀〈神秘的月牙泉〉。

漫漫鳴沙山腳下
隱藏著一口新月般的牙泉
千百年風沙吹襲
它卻永不枯竭乾涸

神秘的月牙泉裡
生長著一種鐵背魚
小小魚兒在湖裡游着
月光下游成另一種神秘

這是台客〈絲路之旅〉六首之一。鳴沙山、月牙泉，在甘肅敦煌市西南，古代絲綢之路的重鎮，曾創造出「敦煌文化」，成為人類的文化瑰寶。

鳴沙山在城南五公里，因沙動鳴响而得名，沙又分紅、黃、綠、白、黑五色，被譽稱「沙漠奇觀」。月牙泉位在鳴沙山環抱之中，面積十三畝，平均水深四公尺，此種沙泉共生，確是天下奇觀。「鳴沙山怡性，月牙泉洗心」，吸引古今無數遊人。

第十七章 堅持、堅持、堅持

前章所賞析台客詩作景點，都曾入選「中國百大」。可詳見《中國最美的一百個地方》編委會編，《中國最美的一百個地方》（北京：華齡出版社，二〇〇六年十月）。

台客《星的堅持》詩集中，有很多旅遊詩，神州之旅中「百大景點」，還有一首〈黃山雲海〉。身為中國人是多麼光榮與富有，五千年歷史文化從未中斷，神州勝景三輩子也走不完。就針對「一百個最美的地方」，盡自己有限能力和時間，儘量選擇部份前往感受，始知為何稱「神州」？為何叫「中國」？此生才算沒有白來。本章再賞讀數首有代表性的作品，〈堅持〉。

堅持

站在登頂的的最高處
任朔風凜冽

吹我鼓動的衣裳
眼光始終落在最前方

堅持
站在燈火最隱晦處
任孤獨無盡嚼我
一個偉岸的靈魂
悄悄自其中逸出

堅持
只有等到天荒了
大地載不動一根小草
那顆星才悄悄隱退
自晦暗不明的天際

「佛國好景絕塵埃，煙霧重重卻又開；若見人我關係處，一花一葉一如來。」

這是一首古德詩偈，告訴我們「一花一葉」都是一個世界。則，一個人，更是一個獨立的世界，世界與世界之間，根本就沒有「通路」，所以眾生都是寂寞的、孤獨的，千山獨行，人人都活在自己的世界，最後也是一個人孤獨上路。因此，人生都是寂寞、孤獨，差別在於每個堅持的程度，台客在許多地方有所堅持。

〈堅持〉一詩，台客在〈自序〉中說表達他一路走來的心志，體現他這輩子堅持走這條寂寞詩路，「任孤獨無盡嚙我」；因為這樣堅持，人生才顯得壯偉，「一個偉岸的靈魂／悄悄自其中逸出」。用一個心理學名詞形容，詩人已完成「自我實現」。賞讀〈送您一座山〉。

送您一座山
皚皚而靄靄，雪線
在您的視覺之上
您曾經或不曾登臨
一處絕美的聖潔之城

送您一座山
青翠草木茂密成長
花開鳥啼處處生機

您曾經或不曾攀爬
流連嚮往之心常有

送您一座山
一粒小石可窺大山
用眼睛仔細品賞
用心靈靜靜傾聽
每天爬它一回不厭倦

後記：吾友陳福成君酷愛爬山，日昨惠我《尋找一座山》個人詩集一冊，無以回報，因贈個人收藏山形小石一顆，並成此詩志之。二〇〇二年。

《尋找一座山》（台北：慧明出版社，二〇〇二年二月）。這是筆者的第一本詩集，出版之年已經五十歲，在詩壇上算「晚成」。台客出版第一本詩集《鄉下風光》，才剛不惑的四十二歲。

我送台客一本詩集，他回贈我一個「山形石」，山上也真有白雲飄飄。他的贈詩和贈石都是無價的，讓這首詩再流傳，也象徵文學詩緣友情永流芳。另一首〈聞無名氏逝世〉。

「塔裡的女人」
正在哀哀哭泣
「北極風情畫」
摔跌滿地
還有那只「紅鯊」
還有那只「金色的蛇夜」
「野獸、野獸、野獸」
它們全找不到自己的主人

走過風風雨雨
走過漫漫長夜
一只堅毅的靈魂
始終甦醒著
且昂然挺立

你是無名氏
你豈是無名氏
當蓋棺論定
歷史的風雲正在
不斷的騷動

附註：「」內皆為先生作品集。

無名氏（一九一七—二〇〇二年）。本名卜寧、卜寶南，又名卜乃夫，現代小說家，香港報人卜少夫之弟。江蘇揚州人，出生在南京。《塔裡的女人》、《北極風情畫》是他最早成名作。

但他的代表作品是《無名書》，共七卷，二百六十萬字，分別為：《野獸、野獸、野獸》、《海豔》、《金色的蛇夜》、《荒漠裡的人》、《死的岩層》、《開花在星雲之外》、《創世紀大菩提》。這套大書從一九四六年寫到一九六〇年，《荒漠裡的人》毀於戰火，餘已由台北文史哲出版社老闆彭正雄先生贊助出版。

順要一提，無名氏晚年貧困，生活大多由文史哲出版社老闆彭正雄接濟，直到謝世辦後事、骨灰放佛光山等，都由彭先生處理，傳為文壇佳話。幾年前，筆者和台客、吳信義、吳元俊一行，參加佛光山佛學營，順到無名氏靈前一拜，不知他轉世何方？〈在生活的海洋：給妻〉。

在生活的海洋
我們曾遭遇狂風巨浪
駕一葉扁舟
何處是我們的避風港？

因為有妳啊親密愛人
我才勇于闖蕩
任日子是一尾尾鯨鯊
我們總能逃脫死亡

如今我們已步入中年
前途似乎是平波一片
感謝妳啊一路相陪
我們還要攜手向前

二〇〇四年

台灣有句俚語:「娶一個好某，勝過拜三個天公祖。」(用台語發音)，另也說：「娶一個歹某，料三代子孫。」意思說娶到壞老婆，三代人全完蛋了。實際亦如是，可見妻子對家庭的重要。

台客的夫人就是那種勝過三個天公祖的好老婆，站在台客的旁邊，永遠支持自己老公的女人。不論台客做什麼、去那裡，她都永遠默默支持，台客才有福氣海內外走透透，寫了那麼多的詩。因此，禮贊她的夫人，賞讀她的一首詩。

告別

薛雲

付水而去
您美麗的一生
付水而去，與
多色系之落英共游
大漢溪輕輕地流
流過多少溪畔人家
可曾聽見呀
有微弱地聲息

哀哀呻吟
有脆弱地淚水
纏綿病榻
是否已厭倦這無奈之塵世
於荒草裡，她熟悉的身影浮現
在子子孫孫婆娑淚眼中
一趟永無回程的人生之旅

啊！十二月之芒草高舉
如您溫馨的手
似您不捨地道別
不捨子子孫孫
不捨一切的一切
揮手唷揮手
墓園裡群群芒草高舉
揮手呀揮手

一九九八年冬寫於為婆婆守喪期間

附註：詩引《發現之旅》，第一二三——一二四頁。

台客與夫人薛雲女士，是文壇上少有的夫妻檔，薛雲更是能詩能畫，又是現代社會極稀有的好太太，台客真是好福氣。現代社會很多當老婆的誤解了婚姻，好像非要把自己的先生死死釘住、緊緊綁住才甘心。如是者，更容易出問題，男人一定會往外發展，另謀出路。

回到薛雲的詩，為婆婆守喪，感念婆婆的人生旅程，感受婆婆的萬般不捨，真情流露，這是很難的。婆媳之爭千年不息，婆媳是「天生的敵對者」，要處得好、處得和諧，極為困難。母女吵架隔一分鐘就沒事了，婆媳吵一架，三輩子仍記在心裡。

詩如其人，薛雲和婆婆的關係，「啊！十二月之芒草高舉／如您溫馨的手」。媳婦能感受到婆婆的溫馨，她們之間必能處得很好、處得和諧。賞讀〈那一槍〉。

那一槍
不是武昌革命
陸皓東先烈放的第一槍
那一槍不是
蘆溝橋上

為反抗日本鬼子開的一槍
啊啊！那一槍
改變了一場重大選舉
影響了我們的命運
啊啊！那一槍
台灣民主受傷
躺倒于地奄奄一息

二〇〇四年

這是公元二〇〇四年「三一九槍擊作弊案」，台獨份子陳水扁和同夥創造的一個「瞞天過海」奇案。妖魔雖靠作弊獲勝，得到一些政治利益，也從此在中國歷史，乃至世界史，留下惡名，遺臭萬年！魔魂下無間地獄。

「三一九作弊案」後，「台灣民主受傷／躺倒于地奄奄一息」。此後，台獨偽政權的選舉全靠作弊和洗腦，所謂「台灣民主」，全是罪惡！災難！謊言！和「三一九」同是瞞天過海的謊言！一首〈鼠輩們〉。

窸窸窣窣
鼠輩們，躲在
宮殿的黑暗處
不停地磨利著
它們暴突的牙齒

窸窸窣窣
鼠輩們，成群
不斷啃嚙著
那一根根梁柱
老舊宮殿的支撐

窸窸窣窣
鼠輩們，準備
大肆的慶祝
並且歡呼
為一座宮殿的倒塌

一首極有深意的政治諷刺詩，鼠輩們明顯的指台獨偽政權那些妖魔。有趣的是把中華民國形容成「老舊宮殿」，而且最後在鼠輩們歡呼中，「為一座宮殿的倒塌」，象徵中華民國亡了。

在事實上，按中國史的編年規則，在一九四九年中華民國確實亡了（如同明朝亡於一六四四年）。所有活着的，不久都得死；所有的朝代最後都會滅亡。只是關鍵在於興亡的過程中，會出現很多吃相難看的鼠輩，詩人應以其真性情記錄下來，以詩史流傳後世，教育未來的炎黃子孫。相信這也是詩人「堅持」的理念，另一首〈二二八〉。

一道傷口，隱藏在
歷史的記憶裡

每逢這一天
那些政客們——

總喜歡把它

貼了又撕，撕了又貼

唉唉！
真的好痛

二〇〇四年

長久以來，二二八已經成為政客的「提款機」。任何政客全年啥事不幹，就在等「二二八」到來，只要吵一吵、搞一搞，「預算」就編下來了。而野心大的政客，就搞大示威遊行，更大的「預算」立刻送下來。神奇啊！

除了政客以外，就是一般人，只要吃了熊心豹子膽，或狼心狗肺，稱是「二二八受難家屬」，或只要搞一搞、鬧一鬧。如此這般，也有天大的好處可以拿取，這就是台灣的二二八奇景。如此世界奇觀，詩人堅持記下，傳述後世！

而最渾球的是有一藍軍領導者，一直為二二八道歉。本來無一事，越是道歉，越描越黑，完全迷失了二二八事件的真相。

第十八章 《與石有約》石中安身立命

《與石有約》（台中：偉霖文化事業有限公司，二〇〇七年七月）。九年前才出版了《石與詩的對話》詩集，今又有《與石有約》一書，看來台客有如老詩人秦嶽在序中說的，在石頭中找到了自處安身立命。

秦嶽在書前提示，放眼今日台灣，政治濃霧，鋪天蓋地，族群分裂，藍綠批鬥，被桎梏的框架所拘限，被意識形態所羈絆，使得人們靈明的心靈被污染，在惶惶不安，終日愁悶的情形下，如何自處安身立命，就成為一個重大的課題了。暗示詩人在石頭不語、默默和諧中，找到安身立命之處，並舉〈石族共和國〉一詩為例。

《與石有約》有五十首詩，多數新作，少數舊作（以往詩集出現過），另有二十多篇賞石、旅遊相關散文。本章選部份作品賞讀，〈石族共和國〉。

你是來自長江的浮萍石

它是來自黃河的星辰石
那一粒是來自印尼的黑石
這一顆則是本土的金瓜石

一群來自不同國度不同地域
如今卻都有緣相聚一起
在我家中的專屬石室裡
組成一個和樂的石族共和國

它們不喧鬧不相互攻訐
只靜靜據守著角落散發芬芳
在它們高雅氣質的影響下
驕傲如我懂得了謙卑

好像在人類社會找不到的和諧與謙卑，終於在石頭身上找到了，說詩人安身立命於石頭的靜默，這是正面的解讀。但反面的解讀，則是一種諷刺。

就詩論詩，這也是很成功的作品，「石族共和國」就是有趣的詩語言，「它們不喧鬧不相攻訐……驕傲如我懂得了謙卑」。詩人本來就謙卑，故意說受石族影响，這裡再度發現台客聽得到「無情說法」。賞讀一首〈人熊情〉。

兩隻台灣黑熊
如此的乖巧如此溫馴
或站或臥在山上
東埔通往阿里山的道路旁

我和妻開車路過
不得不停下車向牠們問候
妻坐在臥熊身上
把臉頰貼在立熊臉龐

來，好好合個影
見證人熊也有友情
願牠們永遠悠遊山林
沒有陷阱獵殺只有歡樂

兩隻黑熊石雕矗立南投縣信義鄉公路旁，提醒人們保護動物

這是一首淺白的詩，念給不識字的鄉下人聽，也都能領會詩人那種自然與平常心。夫妻之間，人與動物、人與四週環境，都是平常且平等，沒有誰比誰高尚！

賞讀〈這一位小帥哥〉。

這一位小帥哥
以悠雅的姿態
倚在一顆巨石上

夏的赤焰高漲
河水多麼清涼
他展露迷人的笑容

他是我的兒子
既聰明又乖巧
那年他九歲

台客長子盈閔於屏東三地門鄉（1986攝）

讀到這位小帥哥，我心頭一震，民國七十五年，我是三十五歲，不知不覺過了三十六年，多麼可怕！現在成了阿伯。一切都過去了！一切都成了回憶，感傷啊！人生就這麼即將要成為過去式！

而這位名叫廖盈閔的小帥哥，也從九歲變成現在的四十五歲，他應該早已成家立業。時間多麼無情又可怕，它成就了一切，又親自毀滅一切，無人可以打敗時間。欣賞一個可愛的小朋友，〈河床上〉。

河床上
怪石嶙峋
河水清涼
遊客們紛紛前來戲水

一個小女孩
坐在大石上
她長得多麼可愛
她笑得多麼迷人

台客長女潔馨於屏東三地門鄉（1986 攝）

這位小女孩是誰？
她是我女兒
那年她四歲
愛哭又愛跟班

這位名叫廖潔馨的四歲小朋友，現在應該是四十歲了。現在年輕世代流行不戀不婚不生，對廖家（台客家）好像沒影響，他早已成公（成為阿公）。孩子的成長，就是父母的漸老，自然法則吧！

最近群組互傳著一則短文，大意是說一般人死後五十年，地球上再也無人記得他，如同沒有來過這人間。我想也是，人死後最初子女輩會祭拜一下，之後就都結束了。但詩人不是一般人，詩人的作品會在圖書館「活著」活好幾百年。這是詩人為給人生一個交待的方法。賞讀一首〈聽鐘石〉。

此地是寒山寺
寒山寺的鐘聲
因一首詩而得名
讓遊客們來此旅遊

都想敲鐘
鐘聲悠揚
不停的被敲起
寺方收錢收得笑呵呵
聽鐘石卻聽得
苦不堪言

寒山寺現有兩口百年大鐘，一是陳夔龍（一九〇五年江蘇巡撫）主導製造。另一是小日本鬼子的鬼相伊藤博文，在一九〇六年製造，據聞原有古鐘被小日本鬼小偷竊走。

台客的詩有所暗示，聽鐘石為何聽得「苦不堪言」，應該是遊客太多，整天在敲鐘，也是聽的很煩。一個著名古蹟景點，完全「市場化」，好不好？見仁見智。另一首〈張家界的山〉。

一尊一尊
是天上神聖？是人間怪物？

江蘇省寒山寺的聽鐘石

一座一座
是閣樓寶塔？是古屋仙都？

連綿聳峙如千軍萬馬
層巒疊翠不似人間景致
造物主以幾億年時光
創造出這一座夢幻花園

我們中國古稱神州，因為子民活得如神仙，死後都成神，而且這塊廣闊的大地，到處是仙境。就在雲南省西北部的武陵山脈中，有一個武陵源風景區，由張家界、天子山、索溪峪、楊家界四大特色景區組成，方圓達三百七十平方公里，全是神仙級如夢之幻境。

此神仙之境，集「山峻、峰奇、水秀、峽幽、洞美」於一體，氣候溫潤，涼爽宜人。此境「天然去雕飾、人游山峽裡、宛在圖畫中」，此境亦是世界「洞穴學研究寶庫」。賞讀〈草嶺古道〉。

雄鎮蠻煙摩碣

蠻煙瘴霧，起自
荒山野嶺半山腰
伸手不見五指
前途更是茫茫

有野獸在叢林裡
虎視耽耽
商旅行客急急
急急的脚步受阻

一塊巨石，見證了
一段先民的開發史
它雄峙，貢寮至頭城
草嶺古道的路途中

虎字碑

東北季候的強風呼呼
呼呼直吹挾著海的鹹味
直撲入這兩山之間的埡口

清朝總兵劉明燈持起
一枝如椽巨筆寫下虎字
鎮壓住了這隻風的老虎

草嶺古道是新北市貢寮區遠望坑通往宜蘭頭城鎮大里山區的步道，是古代淡蘭古道北路部分。據《台灣省通志》記載，最早由平埔族開闢這條山路，後來文獻稱淡蘭古道，又分成兩個路段：三貂古道和草嶺古道。

另一說，嘉慶十二年（一八〇七年），台灣知府楊廷理開建這條古道。清同治五年，劉明燈調任台灣總兵，次年他走上淡蘭古道，先後留下金字碑、雄鎮蠻煙碑和虎字碑，他因這些古蹟而被歷史記著。

有什麼方法可以使很久以後的人記著你，說到底還是從立德、立言、立功三者下功夫。留下你的作品，在石頭上找到安心立命，都是好法子。

第十九章　《續行的腳印》成就圓滿人生

《續行的腳印》（台北：秀威出版社，二〇一二年七月）。台客的第十一本詩集，詩量也很豐富。書前有兩位大陸著名的學者、詩評家，古繼當和古遠清為本書提序，對這本詩集評價都很高。針對這麼豐富的詩集，我設訂了三個主題，解讀台客「得救、成就、圓滿」的人生，每一主題以一短章簡述。本章從三首詩進入，第一首〈人生六十感懷〉。

竟然已走到了這裡
人生第六十個驛站
放眼四野蒼茫
遠山白雪皚皚覆蓋

走過無憂的童年的春

走過燦爛的青年的夏
走過穩重的中年的秋
如今，面對的是一季酷冷的冬

而我還無法休息
路途艱辛仍需持續努力
或許有一天我力盡倒下了
台下才會有稀疏的掌聲響起

《葡萄園》詩刊第一八六期（二〇一〇年五月）

把人生區分如四季，童年的春、青年的夏、中年的秋，而老年是冬，頗合人的性情成長和自然季節屬性之變遷。詩意情意都平凡平實，象徵詩人前面的幾十年（春夏秋），基本上沒有什麼大起大落，正常工作和生活。

台客雖成大外文系畢業，並未從事語文工作，而是在郵政界謀一公職，有了養家活口的養料，他在安定中過日子並從事自己喜歡的文學詩歌創作。

突然就走到「人生第六十個驛站……面對的是一季酷冷的冬」，難免心慌。（說實在，他的六十，大約我也六十了，心頭也慌）。面對寒冬，詩人仍需持續努力，這個季節也表示「軛」要放下了。賞讀〈軛，終於卸下：退休感言〉。

軛，終於卸下
那頭老牛
輕輕地噓了一口氣
仰頭望天

回首來時路
有時風雨有時晴
一位曾經英挺煥發的青年
如今已是一位鬚髮皆白的老者

日子的田畝就這樣
日日夜夜不停耕耘
從白天到黑夜，從春夏到秋冬
如此過了多少年？

一頭終於卸下苦軛的老牛
悠然地躺於樹蔭下
望著天邊將落未落的夕陽
想著如何安度的晚年

對詩人而言，職場就是一個「軛」，每日八點上班，五點下班，中間舟車勞頓，就為那「五斗米」，每天累十多小時。公家飯也不好吃，長官臉色絕大多數是難看的，這也難怪陶淵明要回歸田園。

「日子的田畝就這樣／日日夜夜不停耕耘」。雖然辛苦，也算值得，維持一個家庭的正常生活，而他自己有十多本文學詩歌作品，又可以縱橫兩岸，走過海內外許多著名景點。

「一頭終於卸下苦軛的老牛／悠然地躺於樹蔭下／望著天邊將落未落的夕陽／想著如何安度的晚年」。台客這麼想著，筆者也這麼想著，其實還有更深入的反思，回顧這輩子到底成就了什麼？回顧這輩子有沒有為自己活過？賞讀〈是您，拯救了我〉。

是您，拯救了我
茫茫人海，滾滾紅塵
您，像一盞明燈
時時指引著我
向真、向美、向善
向靈性的道路進發

是您，成就了我
文海縱橫，兩岸馳騁
我像那位唐吉訶德武士
揹著您賜予的寶劍
四處衝撞
無往而不利

是您，圓滿了我
生命中因為有您
宛如烏雲密佈的天空中

出現一道彩虹
如此的燦然、亮麗
讓世人投下驚鴻的一瞥

《葡萄園》詩刊第一九二期（二〇一一年十一月）

說實在的，走上創作、寫作，成為一個詩人、作家。這不僅拯救了台客，也拯救了筆者。因為積極寫了近二百本書，除了詩人、作家，也被兩岸軍事界稱兵法家、軍事家，《北京軍事專刊》送來一頂大帽子叫「台灣軍魂」。這些不值一文，只是聽起來怎一個「爽」字了得。若不寫作，我只是一個吃退休俸的老榮民。

台客也是，若不從事文學詩歌創作，他就是郵務工作者。有了文學詩歌創作，使他的人生意義豐富了，人生價值提到最高，人生的境界更為不凡。他詩中的「您」就是文學詩歌，除了父母所給的「肉體生命」，現在文學詩歌又給了台客「文學生命」。

第一段「是您，拯救了我……向真、向美、向善／向靈性的道路進發」。台客為了學習創作，從學生時代開始研讀前輩作品、參加文藝營，此後堅持文學創作一輩子。文學藝術追尋不外真善美，追求靈性的提昇，有了文學生命，詩人得救了！

第二段「是您，成就了我／文海縱橫，兩岸馳騁……無往而不利」。因為有了文學詩歌的高度，他在海內外的文學詩歌領域，有很高知名度，大陸各省有很多粉絲，這是至高榮譽。他的作品得以流傳很久，當「肉體生命」結束，文學生命仍持續流傳很久，甚至是不朽。我相信數百年後，仍有人記著他是「現代白居易」，現代中國的「愛國詩人」。因為他的作品，會「住」在兩岸數百個圖書館內，每一代人都可以讀到。

第三段，「是您，圓滿了我……如此的燦燃、亮麗／讓世人投下驚鴻的一瞥」。有一回，我聽師父星雲大師講道，他說：「世界是永遠不會有和平，但我們內心可以和平；人間事情永遠沒有圓滿這回事，只有我們內心可以圓滿。」讓我領悟很多。而台客可能更早就找到內心的圓滿，「烏雲密佈的天空中／出現一道彩虹」，烏雲和彩虹相加，是天空的圓滿，人生亦如此。

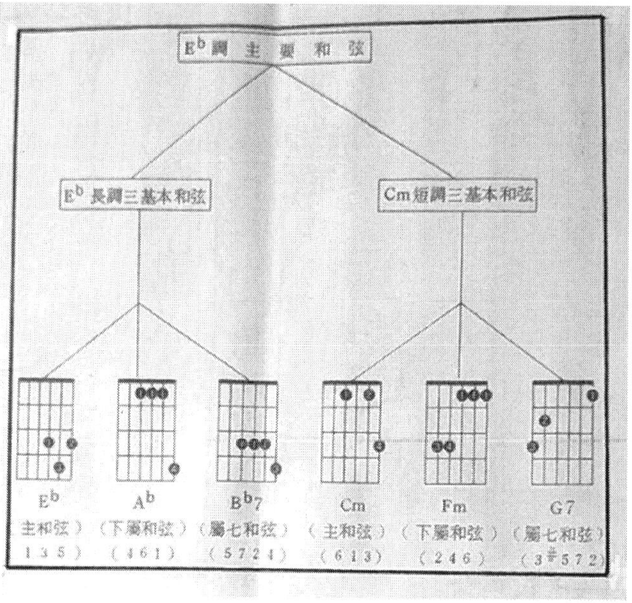

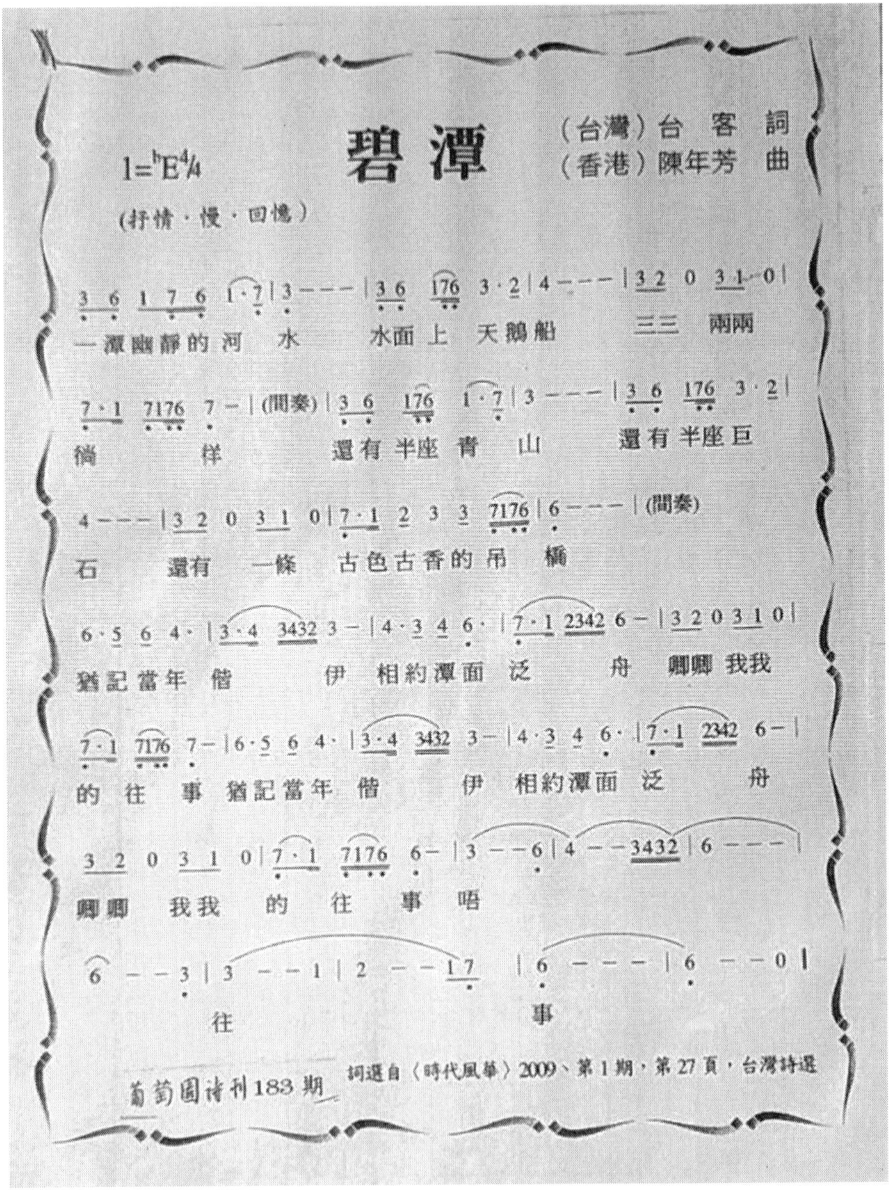
碧潭
（台灣）台客　詞
（香港）陳年芳　曲
1=♭E 4/4
（抒情．慢．回憶）
一潭幽靜的河水　水面上天鵝船　三三　兩兩
倘徉　（間奏）　還有半座青山　還有半座巨
石　還有　一條　古色古香的吊橋　（間奏）
猶記當年偕伊　相約潭面泛舟　卿卿我我
的往事　猶記當年偕伊　相約潭面泛舟
卿卿　我我　的往事　唔
往　事
葡萄園詩刊183期
詞選自〈時代風華〉2009、第1期，第27頁，台灣詩選

第二十章 眞正的詩人：頌揚與批判

詩人「向真、向美、向善／向靈性的道路進發」。這是詩人崇高的理想，因而有人以為詩人就是那種「不食人間煙火」的人種，整天活在「桃花源」裡，追求真善美，而不管人間疾苦，不看人民死活，以為如斯者，便是「向靈性的道路進發」。

如果真如是，那抱持這樣心態的詩人，只能說他是一個「失職的詩人」，甚至是「欠缺真性情的詩人」。試想，杜甫當年面對社會動亂、政治腐敗、人民苦難，他如果沒有堅持「真」，而躲在「桃花源」裡寫美善頌歌，他會有「詩聖」的歷史地位嗎？肯定是沒有。

杜甫因有崇高的真性情，他寫真善美，更寫假惡醜，批判那些「向墮落的道路進發」的人事。因而我們看他的作品，〈春望〉、〈月夜〉、〈兵車行〉、〈蜀相〉、〈麗人行〉、〈哀江頭〉、〈哀王孫〉……乃至在〈赴奉先詠懷〉留下千古名句，「朱門酒肉臭、路有凍死骨」。每個作品、每句詩作，都感動每一代的中國子民，他的詩才永恒不朽。

身為一個真正的詩人，他應該且必須「看到什麼寫什麼」。真善美要頌揚、要禮贊；假惡醜要批判、要筆伐，面對「向墮落的道路進發」的人事惡政，更要以筆為槍，發動「筆的革命」。

台客正是我心中，這樣子的真詩人，稱職的詩人。我常說他是「現代白居易」，但在「真」的堅持上，他又很像杜甫。在《續行的脚印》詩集中，他有一些禮贊祖國和兩岸交流的作品，也有批判貪腐的台獨偽政權作品。各舉幾首賞讀之，〈歡迎辭：給來台參加第三十屆世界詩人大會的大陸詩友們〉。

歡迎，歡迎你們的到來
祖國大陸的同胞
可親可敬可愛的詩友們
歡迎你們來到寶島台灣

台灣海峽，一道
深深又淺淺的天塹，曾經
長期阻隔我們的往來

如今，它再也不是障礙

歡迎，歡迎你們的終於到來
台灣的阿里山日月潭歡迎你們
台灣的太魯閣合歡山歡迎你們
台灣的詩友正高舉滿杯為你們祝福

也歡迎你們把此行滿滿的感想
化為一篇篇精美的詩章
讓詩章乘著歌聲的翅膀
在海峽兩岸之間不斷飛揚

《葡萄園》詩刊第一八九期（二〇一一年二月）

一首充溢著真性情、同胞情的作品，直白而又情深，「祖國大陸的同胞／可親可敬可愛的詩友們……讓詩章乘著歌聲的翅膀／在海峽兩岸之間不斷飛揚」。我們是多麼的期待，我們本是同胞，期待更多交流。不止是文人雅士，還有那些賣魚的、賣肉的、賣水果的、做生意的……也都是這樣期待著。

好景不常，「台灣海峽，一道／深深又淺淺的天塹」又阻絕了兩岸交流。自從那台獨偽政權上台，邪惡的進行「去中國化」，在教科書上改寫小日本鬼子是台灣母國，不斷進行「反中仇中」「親美愛日」的政治洗腦。如今，兩岸又完全斷絕往來，令人慨嘆。賞讀〈記七月四日這一天〉。

台灣海峽的上空
今天特別繁忙
一架又一架的包機
不斷來來往往

整整六十個年頭
這個海域冷冷清清
除了海鳥的飛越
只有戰機的呼嘯

戰爭像一把利刃

斬斷了連繫的臍帶
多少人翹首藍天
日日思親無眠的夜晚

大時代的悲劇
不能任其無止盡蔓延
誰是那位睿智的領導
做出符合人民的期待？

在桃園國際機場裡
一架彼岸南航客機緩緩降落了
四輛消防車早已準備妥當
立即噴出「洗塵」的歡迎水柱

在入境大廳裡
數十位高山原住民舞蹈著
還有各種舞龍舞獅團體

表達衷心熱烈歡迎之意
歡迎啊彼岸的貴賓
我們本來就是姊妹兄弟
六十年的隔閡不堪回首
一朝相聚盡展歡顏

二〇〇八年七月五日有感「兩岸包機直航」
《葡萄園》詩刊第一七九期（二〇〇八年八月）

這首詩的背景從大貪官陳阿扁說起，他當了八年台灣區的領導，一再阻止兩岸通航，連大陸要送猫熊也不接受。因為貪了太多錢，他的大位又用「三一九作弊」得來，在大失民心之下，馬英九才有機會在二〇〇八年的大選中，取得大勝利，當了台灣區領導，藍營稱為「法統重光」。可惜馬英九的八年除了三通，其他乏善可陳。

二〇〇八年五月，馬英九上台，七月開始有兩岸包機直航，這是一件盛事，對兩岸同胞也是功德一件。台客的詩用「臍帶」形容兩岸關係，表示兩岸是有血緣關係的同胞，如親人一般。這首詩也是「詩史」，記錄了歷史上重要的一天，而這一天發生了什麼事？以後的人都會從這首詩得知。另一首〈五環緩緩升起〉。

五環緩緩升起
千萬朵燦爛的煙花爆開
鳥巢裡人聲鼎沸
五大洲人群齊聚於此

這是二〇〇八的北京奧運
整整等待了一百年
中國人再也不是吳下阿蒙
個個臉上充滿了自信

在各個競技運動場上
他們紛紛展現實力
金牌銀牌銅牌一塊塊
納入辛勤耕耘的口袋

中國中國萬方來訪
中國中國不斷壯大
如今它像一條巨龍
屹立亞洲，擁抱世界

深深的祝福
深深的期許
我在寶島台灣一隅
默默仰頭，向它敬禮

廣州《華夏詩報》二〇〇八年八月
《葡萄園》詩刊第一八〇期，二〇〇八年十一月
收入香港蔡麗双主編《祖國讚》詩選集，二〇〇九年二月
收入《詩藝浩瀚》詩選集，台北文史哲出版社，二〇〇九年六月

學術界認為中國人的民族自信心，是從二〇〇八年的北京奧運才開始有。可見得國家可以一夜誕生，但民族自信心至少要幾十年，乃至上百年才能建立起來，到了二〇〇八年時，只能說「開始壯大」。

國家壯大起來，人民才有自信心。「中國中國萬方來訪／中國中國不斷壯大／如今它像一條巨龍／屹立亞洲，擁抱世界」。一百多年前孫中山說的二十一世紀是中國人的世紀，已經可以看得見了，而習近平主席說的「中國夢」，也將實現了。

時代走到二〇二二年，中國不止是壯大，而是強大。二〇〇八年時我們中國經濟不如小日本鬼子，軍事差美國「十萬八千里」，在美帝面前我們還得「乖乖些」，尊守鄧小平同志的叮嚀，「不要太早把頭伸出來」。啊！小平是偉大的智者。

到了二〇二二年，我們有北斗、量子衛星、高鐵、超導彈、超電腦、三個航母，第四航母已開工；還有空間站、太空武器、南海建島，全球唯一工業體係完整的國家。我們中國強大了，美帝和所有西方白人妖獸國緊張了，想用台灣威脅祖國。牠們真敢打一仗嗎？中國人不怕打仗，要真打正好順勢先滅了日本，武統兩岸，把元朝未完成使命，一併完成。

這三首詩都是現代重要詩史，記錄了我們中國在廿一世紀前期三件重要大事，而記錄者是一個生長在中國台灣省，名叫台客的愛國詩人。另外，台客在《續行的腳印》詩集，針對台獨偽政權眾妖群魔的貪腐不法，也有不少嚴厲的批判。

一首〈海角七億〉。

海角七億
一筆龐大的骯髒款
貪婪者運用權勢
五鬼搬運的結果

以為東轉西轉
全世界轉透透
就神不知鬼不覺
豈知人算不如天算

「這是選舉結餘款，
這是海外建國基金！」
貪婪者猶四處趴趴走
大言不慚，死不認錯

老百姓再也看不下去
紛紛嗆聲：
「貪婪者應槍斃！
把他關到死！」

《葡萄園》詩刊第一八〇期，二〇〇八年十一月
收入《詩藝浩瀚》詩選集（台北文史哲出版社），二〇〇九年九月

七億、七億，對於當一輩子小公務員的台客和筆者，這是無法想像多大的一筆大錢。可能我們兩人合起來幾輩子的工薪，還很難有一億！何況是七億！

然而，這七億，只是大貪污者陳阿扁家族，在阿扁擔任中國台灣區大頭目期間，所貪污無數個億中，藏在地球各角落所查出見光的一小部份。這七億是藏在瑞士銀行內，尚有更多（有的已被消化，變成房產、地產、有價證券等）。大貪官是多麼可怕！可惡！現在詩人記他一筆，永世不得翻身了！一首〈聞老李被起訴〉。

那隻老狐狸
再也無法遁逃了

這一次我們
一定要把他送進大籠裡

他曾經扮演
羊的角色
身段如此柔軟
贏得主子的青睞

他也曾扮演
牛的角色
好像一步一腳印
努力耕耘這塊土地

最終啊證明
他只不過是一隻狐狸
露出一截難堪髒臭的尾巴
任人訕笑與唾罵

《葡萄園》詩刊第一九一期（二〇一一年八月）

詩沒有說狐狸是誰？但任何人讀到這首詩，立刻就想到大漢奸李登輝，他現在已關入第十八層地獄。而那些骯髒死灰放在五指山，那是我革命軍人安息處所，絕容不下他，遲早要被清除掉！他是史上最大惡人。

這個鬼地方大搞「去中國化」，就是從李漢奸開始，接著是大貪官陳阿扁等人，搞了三十年「去中國化」。如今年輕一代被徹底洗腦，不僅不承認自己是中國人，還仇中反中，真是可悲！而這一切的禍首，就是那隻老狐狸，大漢奸李登輝。〈一群綠頭蒼蠅〉。

一群綠頭蒼蠅
嗡嗡嚶嚶，整天
在我的頭頂上盤旋
揮之不去，趕之不走
一群令人討厭的傢伙
牠們熱愛逐臭
也喜歡沾染美食
一度，牠們成功的盤踞住

一座百層大蛋糕的美屋
得之不易，牠們集體
肆無忌憚大吃大喝
吃相難看，終於
引起大家的反感
費盡心思把牠們趕走
但牠們並不死心
仍然成天嗡嗡嚶嚶
四處亂竄，不斷
騷擾著人們的視線
唉！這一群綠頭蒼蠅

《葡萄園》詩刊第一八六期（二〇一〇年五月）

詩意所述，就是指民進黨這群台獨「綠頭蒼蠅」，這樣的比喻真是非常傳神，光看「吃相」就知道是綠色妖魔。牠們確實會是台灣的災難，雖然大家也很討厭牠們，但為什麼趕不走？承擔災難是呆丸郎的共業嗎？

最近國際上有個調查，全球十大最愚蠢的領導者（國家或地區），烏克蘭的澤倫司基排第一，台灣的蔡蝗第二名。前者已將國家推向戰火，自我毀滅，後者正要步入戰火，自找死路。而最可憐的是人民！無知又很容易被洗腦！

第二十一章　祖國「百美」遊蹤

在《續行的腳印》詩集中，佔篇幅最多的作品，應該是詩人行腳祖國和世界各地的遊蹤詩記，大約佔了全書一半以上。而這些旅遊詩中，又以祖國大地的旅遊作品最多，由此可見，台客對祖國山河人文熱愛的程度，就算現在兩岸被台獨偽政權暫時割斷了，祖國也永遠在詩人心中。如同筆者堅持的信念，「我是中國人也是台灣人，中國是我，我是中國！」

這些祖國行腳的詩作，主要在江西、廣西、澳門、北疆、南疆、惠州、川渝、川西、黃山、山西、福建等，共約有六十多首詩。本章選擇入選「中國最美的一百個地方」，賞讀數首，〈喀納斯湖頌〉。

一

據說你原是天上王母娘娘
手中持有的一面明鏡

不慎遺落人間
形成今日一片浩渺的高山湖泊

二

在觀魚台上
我向下極目遠眺——
你像一塊深藍美玉
靜靜躺臥於群山之間

三

由於你的神秘
有關你的傳說太多
湖怪就是其中之一
千百年來無解之謎

四

月亮灣、臥龍灣、鴨澤湖……
每一處都是令人讚嘆的美景
除了湖的遼闊與神秘
你還處處製造美麗與驚奇

五

乘一艘遊艇
徜徉在你廣闊的湖心
湖水碧藍，煙波浩渺
令人流連忘返心曠神怡

在新疆布爾津縣北部(屬阿爾泰地區)，海拔一千四百公尺處，有一座「天湖」，形如彎月，南北長二十四公里，東西寬約二到三千公尺，湖面積約四十五平方公里。比著名的博格達天池大了十倍，它是我們中國最深的湖（最深處約二百公尺），這是神秘的喀納斯湖，蒙古語是「美麗富饒而神秘」的地方。

喀納斯湖區垂直自然景觀非常明顯，在湖邊就能看見阿爾泰山七個自然景觀帶的全貌。「月亮灣」（當地牧民叫脚底湖）、多變雲霧，使喀納斯成了夢幻仙境。

喀納斯湖的美麗和神奇，也在湖水隨四季變化的色彩。夏日烈日當空湖水放射白色光華，秋天又呈湛藍黛綠，陰天時湖面灰綠，有時也常見七彩湖。

許多的謎更吸引遊人來探險獵奇，湖怪之謎、雲海佛光之謎、浮木之謎、變色湖之謎。自古以來被稱天堂仙境的喀納斯湖，深深浸潤每一代人的靈魂，使人去追尋，真的找到了這個夢中天堂。一首〈遊覽魔鬼城〉。

炎陽、酷日
暴雨、狂風
大自然以億萬年時光
在此打造了一座
令人不可置信的
據說是魔鬼居住的城市

而當我們到來
但見美麗的城堡處處
神奇的宮殿處處
還有數也數不盡的
人力無法完成的美景
不禁讓人再三驚呼

新疆《綠風》詩刊，二〇一〇年元月

由大自然所建造，鬼斧神工的「魔鬼城」，在我們中國新疆省準噶爾盆地邊緣的烏爾禾鎮北側，二一七號國道由此經過。電影《臥虎藏龍》、《英雄》在此拍片，使得魔鬼城在人的世界，更加聞名遐邇。

魔鬼城是自然奇形怪狀岩石風化而成，有的如古城牆、有如古廟、搭樓、蘑茹、各種動物形狀等。當狂風發出各種叫聲，似千軍萬馬，又似狗吠狼嚎，令人毛骨悚然。因而名之魔鬼城，一首〈穿越搭克拉馬干沙漠〉。

天空沒有一隻飛鳥

地上沒有一隻動物
只有一望無際的沙漠
沙漠上毒辣的太陽

幾棵小樹在路旁
苦苦支撐著喊渴
一大片枯黃的野草
早已放棄了希望

路，筆直的向前延伸
似乎永無盡頭
車，高速向前猛駛
彷彿瘋狂的野獸

從阿拉爾到和田
全長四百多公里
「前面有綠洲」不知誰先喊出

於是全體爆出了歡呼

後記：穿越搭克拉瑪干沙漠的阿和公路，全長四二三點五公里，二〇〇七年八月才修建完成通車，沿途杳無人煙。

搭克拉瑪干在維吾爾語的意思，是「進得去出不來」，又叫「死亡之海」，可見這個沙漠的嚴酷可怕。使人畏懼又同時具有難以抗拒的魅力，是它的吸引力所在，只要一見就讓你心驚動魄。

搭克拉瑪干沙漠，位在塔里木盆地中心，面積約三十四萬平方公里（約十個台灣大）。一個充滿了奇幻和神秘色彩的地方，綠洲、湖泊、沙海中的絲路遺址、古村落之迷……都吸引人去探險。〈登峨眉山遇雪〉。

雪，從空中不停飄下
把大地染成一片潔白
寒風一陣陣刺骨吹來
人們裹上厚厚一層大衣

大霧封山
標高二四三〇米的雷洞坪停車場
成了一片白茫茫世界
而金頂猶在山的更高處

登或不登？
考驗著每一位朝聖者的意志
而萬佛頂的佛光與雲海
此時正被層層雲霧掩蓋

二〇〇九年十一月六到十三日，台客、筆者、老友吳元俊等一行，到重慶西南大學參加「第三屆華文詩學名家國際論」。會後到成都（筆者故鄉）旅遊，同遊熊猫基地、樂山大佛，同登峨眉山。

峨眉山位在四川盆地，是佛教四大名山之一。古來有「峨眉天下秀」，如秀美端莊的女子，山形如女子蛾眉而得名。金頂、神燈、銀色世界、佛光、雲海，都是峨眉山誘人的神奇景觀。一首〈黃山松〉。

這棵是臥龍
那棵是黑虎
黃山松
遍佈在奇岩怪石上
每棵都是生命的奇蹟
引發人們由衷的讚嘆

這棵是蒲團
那棵是接引
黃山松
生長在懸崖峭壁間
每棵都充滿力與美
激發人們豐富的想像

黃山松啊黃山松
你是艱苦卓絕的代表
只要有一絲絲土壤

你就能立足
把根一寸寸扎進石縫中
堅決的、堅決的
向上求取生存與成長

黃山松啊黃山松
你是強韌不屈的見證
一年四季
不畏雪雨風霜
歷經千百年來的試煉
早已蔚然成林
成為一片松樹的海洋

「黃山歸來不看岳」，這是真的，我自從黃山回來，再也沒看其他的山。黃山就在我們中國安徽省南部，奇松、怪石、雲海、溫泉是「黃山四絕」，群峰林立，而以天都峰、光明頂、蓮花峰最勝，並向四周延伸，形成峰峰相連的人間仙境。

常言道：「五岳歸來不看山，黃山歸來不看岳」。因為黃山集五岳之韵味大成，故稱「天下第一奇山」，松、石、海、泉、峰、溪、瀑、湖，無一不奇，無一不秀。數不盡勝景，看不完奇觀。一首〈走入平遙古城〉。

走入平遙古城
走入一條奇幻的時空隧道
一座座高聳的城牆猶在
獨不見當年戍守的衛士

一輪千古明月依稀照著
城中四方街的一景一物
一座座古色古香的建築
一群群熙熙攘攘的人物

「噹」的一記鑼聲：「小心火燭」
就把時空拉回千百年前
幾位老外好奇地比手劃脚
竊竊私語從我們身旁走過

縣衙署、城隍廟、清虛觀
如今早已束之高閣
九龍壁、魁星樓、櫺星門
猶緊緊吸引遊客的目光

一個個的燈籠高高掛起
一串串鞭炮歡樂地炸響
這是一年一度的中秋
古時的明月依舊照著今時的人兒

走入平遙古城
走入一條神秘的時空隧道
我們有幸做了一回今之古人
感覺幸福而愉悅

二〇一一年九月九日到二十日，台客、吳信義、吳元俊和筆者等一行，應山西芮城好友劉焦智邀請，到山西旅遊，中秋之夜正好住在平遙古城。次日再北上前往五台山，如今一瞬過了十多年。回台後我出版了《金秋六人行》（台北：文史哲出版社，二〇一二年三月）。

平遙古城，在我們中國山西省的中部，是保存最完整的古代縣城，始建於周宣王靜元年（前八二七年），到四十六年（前七八二年），西周大將伊吉甫駐軍於此而建。歷代至明清均曾整修，有「中國古建築的薈萃和寶庫」之美譽。

中秋之夜，台客和我等一行八人（台灣六人、山西朋友二人），在平遙古城過了一夜，這一夜我們夢遊二十四個朝代，歷經三千年。回台後寫了很多感懷作品，均見《金秋六人行》。賞讀〈鼓浪嶼望鄭成功塑像〉。

您仍然在此站立
海風冽冽吹您一身寒
您仍然不願卸下身上戰袍
眼神定定望著遠方

遠方啊一片海天茫茫
您曾以孤臣孽子之心

毅然率軍揮師東征
向著未可測知的命運……

此後您再也沒有返回這地方
您當初誓師的第一站
後人為紀念您的忠勇
在此恭敬地為您塑像

時光如過隙之白駒
轉眼又幾百年過去
而如今在您的腳下
世界早已不止翻了兩翻

鼓浪嶼已成為最佳觀光景點
再也聞不到一絲絲戰火的硝煙
兩岸人民正歡樂地相互拜訪
看！海面上船隻如過江之鯽繁忙

一八四二年鴉片戰爭後，有英、美、法、日、德、西、葡、荷等十三個國家，在這不到兩平方公里的島上設立領事館，鼓浪嶼被劃成「公共租界」。直到抗戰勝利才收回，結束一百多年的殖民統治。

這本是「國恥」，中國人的傷心史。却因為有十三個國家不同的建築風格，古希臘式、羅馬式、哥德式、巴洛克式、伊斯蘭式……被譽為「萬國建築博物館」，成為觀光勝地，白花花的銀子如潮湧來。

鼓浪嶼是廈門市明思區一個小島，除了「殖民文化」景點，主要歷史回顧是民族英雄鄭成功，東征台灣前屯兵於此，日光岩上尚存水操台、石寨門故址。日光岩上的摩崖石刻有八十多處，著名的有張瑞圖、何紹基、鄭成功、丁一中、許世英、蔡元培、蔡廷鍇、蔣鼎文等人詩文題刻，成為一大文化景觀。

第二十二章　《歲月星語》漫藏著人生哲理

《歲月星語》（台北：文史哲出版社，二〇一五年十一月）。這是台客第十二本詩集，內容豐富，有一百多首詩，大約是台客從二〇一二年後所寫的作品。

台客真是一個勤勞的作家詩人，他律己從嚴，勤於著述，「做為一個詩人，我會堅持到底，絕不中途離席。希望往後每五年，自己都能繳出一張成績單，直到生命終止。」（引《續行的腳印》後記）。禮贊詩人！禮贊台客！你是現代中國「愛國詩人」！現代白居易！

《歲月星語》詩集，書前有女畫家李再儀（映彤），繪的一張「詩人台客速寫」，神情樸素，畫如其人。另有大陸詩評家古遠清寫的序，推崇他的作品是在「天然去雕飾」中，漫藏著人生哲理。

一百多首詩，區分四輯：〈歲月星語〉、〈感懷有贈〉、〈台馬小唱〉、〈寰宇放歌〉。只能選擇性，引其少數最有代表性作品，分兩章來欣賞，這章賞其小品，〈菜刀與砧板〉。

菜刀說
對不起對不起
因為生活的必要
我不得不每天
將你細細的切
狠狠的剁
造成你滿身傷痕

砧板說
沒關係沒關係
誰教我們是
天生的絕配
切若是有情
剁若是有愛
何妨天天受傷害

二〇一四年作品，《中華日報》副刊

好一個「打是情、剁是愛」之比擬詩述，意象雖驚悚，卻兩情相悅，情愛深厚。古遠清賞之說「對話形式作了藝術轉化。以剛寫柔，以暴力寫溫存，以傷痕寫甜蜜」。賞之如此巧妙！如此自然！

或者是「一個願打、一個願挨」的「暴力美學」？菜刀和砧板確實是「天生絕配」，分開了就失去功能。以此形容兩個相愛的人，這兩個人也真的是絕——配。賞讀〈臭豆腐〉。

是香是臭為了老饕
它不惜下油鍋
炸得鮮亮酥脆
復被菜刀切割
淋以醬汁
佐以醃製脆高麗菜

或許再有一杯小米酒
啊啊，那是人間美味

這裡出現的是「痛苦美學」，「它不惜下油鍋……復被菜刀切割」。經過「痛苦修煉」，「淋以醬汁……那是人間美味」，台客的詩善於經營讓人驚嘆的氣氛，在大落差中產生吸引力。

如果要找一道代表台灣民間最普遍的美食，無異議一定就是臭豆腐。無論夜市、黃昏市場、大小飯店、街頭小攤，都能吃到這道美食。賞讀〈歲月的腳步〉。

歲月的腳步
時而窸窣無聲
時而急切喧嘩
不停地不停地走過
歡樂或悲苦
憂愁或喜悅
無非長長短短一生

它從不為某人停留
你一生的是非功過
惟有寸心知
最後，每人歸宿
都是相同
荒塚一堆，獨對
淒冷斜陽

二〇一四年作品、《世界詩壇》詩葉

「荒塚一堆，獨對／淒冷斜陽」，說真的，現代人早已「死無葬身之地」，土地人住都不夠了。人死後只能燒一燒，少許骨灰放小盒中，置於塔裡或樹葬、花葬或海葬等，因地球沒有空間了。

台客的詩是一種感嘆，看得開放得下。通常人在年輕時覺得「來日方長」，光會揮霍時間，到了中年後漸感「來日無多」，對「歲月的脚步」才有深刻的感受。另一首〈人生〉。

是一條路
寫滿風風雨雨
平坦大道很少
泥濘難行路多

是一年四季
春夏秋冬的旅程
若想秋收冬藏
請努力春耕夏耘

是長是短
並不重要
哪天您走了
看後人怎評說

二〇一二年作品，《世界詩壇》詩葉

這首詩是很有啟示性的「因果」說法，「春耕夏耘」是種好因，才有「秋收冬藏」的好果可收，清楚明白的給人「棒喝」。警示人們，通往成功立業，要先好好努力！

「哪天您走了／看後人怎評說」。對於出賣民族利益的漢奸，對於甘當美日走狗，製造國家分裂的台獨妖魔，牠們會在乎這些嗎？若是在乎！牠們也不會當妖魔來為害呆丸郎。賞讀〈火鳥人生：悼歌手高凌風〉。

他是一隻火鳥
喜歡在舞台上熱情燃燒
清亮的嗓音誇張動作
贏得「青蛙王子」封號

六十三載人生
星海藝界浮浮沉沉
憑著過人毅力
他總能谷底翻身

他最喜歡的是那一碟〈泡菜〉
他最欣賞的是那一朵〈野菊花〉
他最愛點亮〈冬天裡的一把火〉
然後讓自己〈燃燒吧！火鳥〉

火鳥如今已羽化升空
徒留下一陣〈惱人的秋風〉
我們懷念但不悲傷
且聽他再高歌一曲〈大眼睛〉

二〇一四年作品、《新文壇》雜誌

這一首詩最大的價值，是整整保存了一個時代數百萬人的記憶，如今也是那個時代所有人的共同回憶。像台客和筆者，都是所謂的「四年級生」，現在的年紀都是七十歲左右，高凌風的歌陪我們走過青年，走過壯年，甚至進入了黃昏，他却先走一步，感傷啊！

高凌風（一九五〇年二月二十八日—二〇一四年二月十七日）。本名葛元誠，出生在高雄岡山自強新村，中越混血。〈燃燒吧！火鳥〉、〈大眼睛〉……再也聽不到他唱了，別人唱不出他的味道，永恒懷念他！另一首〈帽子飛走了〉。

帽子飛走了
飛向遙遠宇宙
飛向遼敻虛空
飛向〈一道彩虹〉

曾經，那是一個
帽子滿天飛舞年代
舞台上帽子發光發熱
人人爭搶看帽子飛呀飛

當〈掌聲響起〉時
請你一定要〈好好愛我〉
你是我的〈心肝寶貝〉
我送你一份〈愛的禮物〉

帽子飛甜美歌聲
最終穿越千家萬户
飛入你我心中
飛入全體華人世界

而如今帽子飛走了
〈祝你幸福〉歌聲不再
只留下滿滿遺憾
萬千歌迷心中不捨

二〇一二年作品，《世界論壇》詩葉

附記：詩中〈〉皆為帽子歌后鳳飛飛的成名歌曲。

鳳飛飛（一九五三年八月二十日—二〇一二年元月三日）。本名林秋鸞，出生在台灣桃園大溪。更叫我們這些同時代聽她歌成長的人不捨，她是一代天后，却只駐世五十九歲（叫六十歲）。留住台客這首詩，等於留住我們這一代人的共同回憶。

鳳飛飛最叫世人感動，是她的謙卑態度和慈悲心。她是二〇一二年（民101）元月三日謝世，正是我們中國人的春節前數日。慈悲的鳳姐臨終前，考量到若公佈了死訊，數百萬粉絲們全都不用過節了。所以她立遺書，交待律師保密到過完元宵，才公佈她的謝世消息，並由律師轉達她的遺言說：「來不及唱的歌，來生再唱給你們聽。」一時間，大街小巷，無數粉絲哭成一團。感傷啊！永恒的懷念鳳姐兒。一首〈青島的友誼：贈林之〉。

青島的友誼
是奧帆港灣的海風
徐徐吹拂
涼爽舒適

青島的友誼
是啤酒廠裡的生啤
溫潤順口

不甜不膩

青島的友誼
是鷺鷺酒家宴席上
相互舉杯，妳我
交會的眼神

青島的友誼
如今是那海峽的距離
雖看不到妳
但感覺到了妳

二〇一四年作品，《世界詩壇》詩葉

附註：今年八月中旬和畫家蔡信昌至青島旅遊，承蒙散文家林之邀集青島著名詩人、作家王澤群、韓嘉川、高偉，在鷺鷺酒家歡宴，特賦詩一首以贈。

「雖看不到妳／但感覺到了妳」。因為彼此已住在對方的心中，可以「以心傳心」傳達彼此的訊息。而僅僅一次的歡宴，友誼就成為永久的懷念，不受海峽距離的影響，這是多麼奇妙的感覺。

雙方需要有「共同語言」，共同的歷史文化認同，共同的民族認同，相信是「同根生」，便可以溝通無障礙，形成真友誼。若無這些要件，難啊！見面十次也不一定能成為「朋友」。一首〈小雨仍然下著：悼詩人李小雨〉。

小雨仍然下著
淒淒的涼涼的
今年冬季北京城
令人感到特別寒冷

妳走了，悄悄地
不說一句道別的話
僅留下幾本薄薄詩集
風中朗誦給誰聽？

那年我們曾經幾度重逢
在北京詩會，在台北故宮
妳詩意的臉龐春風蕩漾
像三月小月打在我身上

啊！我們的友誼
三月小雨打在我身上
如今小雨何處尋
北京城裡冷冷淒淒清清

二〇一五年作品，山西《九州詩文》雜誌

後記：收到二〇一五年三月份的《九州詩文》期刊，內有一篇由詩人畢福堂撰寫的〈紅色的紗巾飄向天堂了〉文章，係悼念前北京《詩刊》主編詩人李小雨之作。不由讓我想起多年前，和小雨曾在兩岸交流的場合上多次見面，如今老友竟已仙逝，令人一嘆！

李小雨（一九五一年十月二十六日—二〇一五年二月十一日）。河北豐潤人，出生在漢口市。一九七二年發表第一組詩歌《採藥行》，一九七六年起在《詩刊》編輯部工作，歷任編輯、主任等，一九八八年畢業於北京大學中文系。

李小雨著有詩集《雁翎歌》、《紅紗巾》、《東方之光》、《玫瑰谷》、《聲音的雕像》、《李小雨自選詩》、《李小雨短詩選》，組詩《海南情思》等。

才六十四歲的詩人李小雨，胃癌病逝於北京，我也曾讀過她的作品。抄錄台客這首詩，與台客一起懷念她，當碰到下著小雨，就會想到小雨。

第二十三章　神州走透透

在《歲月星語》第四輯，是台客的祖國大地和海外諸邦放歌，而以歌祖國各處勝景作品最多。四川古藺縣二郎鎮酒鄉行、巫山行、西藏之旅、廣東丹霞山、東蒙古、湖南張家界天門山、貴州之旅、我與大海有約（青島）、重慶采風行、湄洲島、廣西行、河北張家口市懷來之旅。以上共有近七十首詩，本章選幾首最有代表性的寫景詩賞讀之，〈桂林的水〉。

清澈清澈
一條水藍帶子

蜿蜿蜒蜒
流向天邊

有群象伸鼻
在江邊喝水

有魚鷹伸長頸子
在水中捕魚

有劉三姐曼妙身影
在水上翩翩起舞

啊啊！桂林的水
美過戀人秋波

「桂林的水／美過戀人秋波」，真實不虛。廣西桂林山水甲天下，絕美風景，漫步於陽朔西街，賞不盡的美景和人文。欣賞傳統的夜間捕魚方式是「灕江漁火」。或遊龍脊梯田，探訪壯瑤古樸文化，最美是陽朔。

桂林之山、水、峰、雨、田園，無不秀美。所謂「桂林山水甲天下、陽朔山水甲桂林」。陽朔峰林猶如一幅幅古典水墨丹青，被國家地理雜誌評為「中國最美五大峰林之首」。一首〈冬季裡的精靈：詠三峽紅葉〉。

冬季裡的精靈
你紅得那麼鮮豔
以一片片彩霞
染紅了整座山林

冬季裡的精靈
你紅得何其壯麗
浩浩江水日夜東流
雲霧飄渺終年圍繞

冬季裡的精靈
是誰孕育了你
是那千百年巫山雲雨
是那夔門天下險雄奇

冬季裡的精靈
是誰淒美了你
啊！巫山神女正站立峰頂
向你凝視用她款款深情

長江沿岸有數千年的古蹟人文，有講不完的經典故事。就以長江三峽段，更是壯美奇麗的山水畫廊。三峽西起重慶市奉節縣的白帝城，東到湖北省宜昌市南津關，全長一百九十二公里，這是通常所說的「大三峽」。

還有大寧河的「小三峽」，馬渡河的「小小三峽」。這九峽組成一派造化天成的瑰麗風景，兩岸風光秀美，加上許多歷史古迹，成為我們中國地理上的奇葩。

大三峽由瞿塘峽、巫峽、西陵峽組成。〈冬季裡的精靈〉一詩，寫的正是巫峽的冬景，詩中的巫山雲雨和巫山神女就在巫峽。而神女指的是巫峽兩岸十二峰，其中神女峰最俏麗有名，歷史上傳說神女叫朝雲，與大禹和楚懷王有過一段淒美的愛情故事。一首〈布達拉宮的神鷹〉。

布達拉宮的神鷹
盤旋在宮頂上空

不知多少個世紀了
宮中氣氛顯得凝重
感受到不祥氣息
那日，神鷹悄悄
出走，飛到南方
眾神的國度

神鷹從此不歸
布達拉宮日夜焦急
不斷祈禱它的主人
早日雲天返回消息

「布達拉」是梵語中觀音地「普陀洛迦」的音譯，意思是「佛教聖地普陀山」。作為歷世達賴喇嘛的「冬宮」，同時又是西藏政教合一的權力中心，布達拉宮是西藏地區最大官堡式建築群，也是地球上海拔最高的古代宮殿，西藏千年史盡在其中。

「布達拉宮的神鷹」是什麼？為什麼飛到南方不歸？一個叫石馬山中人的〈布達拉宮的領悟〉一文說，「我聽到布達拉宮的梵音，猶如神鷹渺渺於江湖之外……而我遠離布達拉宮，在南國的夢裡醒來……」。人世間的聖殿，總是有很多動人的故事傳說。一首〈太魯閣峽谷〉。

一

斧砍刀劈
直插天際
一座座大山
飛鳥也嘆息

萬丈深崖
驚湍激流
亂石崩雲
大自然千萬年悠悠

二

懸崖峭壁
飛瀑奔流
一棟古典宮殿
穩穩跨坐

不需手繪
勿用筆描
一幅天然
國畫山水

三

彎彎曲曲九個洞
把大山腹部掏空
人車行走其間
如入幽冥地府

腳下是深谷湍流

頭頂是岩岸絕壁
把一顆心懸在刀口
我們驚險走過

二〇一二年作品《新文壇》雜誌

太魯閣是我老人家度假的好地方，近幾年來，我大約每隔一些時間，就會到太魯閣晶英酒店住幾天，清淨又靜心。附近風景好，三餐都在晶英酒店，對老人家很方便，早晚散散步，不想別事，不思呆丸郎疾苦。短暫數日，也是養心、享福！美景如台客的詩，我筆拙難以形容，賞其詩如親臨太魯閣。

太魯閣在台灣東部花蓮縣西北，連綿二〇公里，兩岸懸崖萬仞，奇峰插天，怪石嵯峨，溪曲水急，林泉幽邃，有長江三峽之雄奇，被譽為「台灣三峽」。大陸同胞旅遊台島，都會包含太魯閣。一首〈詠黃果樹大瀑布：兼懷詩友〉。

遠遠望去
你像一張超大白色帘幕
垂掛在天地之間

走近一瞧
你以數十條銀鍊
不斷震撼著我

而我最懷念的
是當年一起共遊老友
他們已隱入遙遠天邊

後記：一九九三年秋與文曉村、張朗、劉菲等詩友，組成詩歌訪問團來此一遊，如今三人皆已作古，令人懷念。

人生很奇怪、而又不捨的事，是同行之人都走了，獨留你一人，寂寞向晚霞。如這詩述，當年四人同遊，如今走了三人，留下的一人能不心驚乎？能不感傷乎？感傷于光陰的無情！

黃果樹大瀑布，在我們中國的貴州省鎮寧、關嶺兩縣境內，為「神州第一瀑」。有對聯形容：「白水如棉不用弓彈花自散、虹霞似錦何須梭織天生成」。一瀉千里，氣勢非凡，以雄壯、偉威而名揚四海。

黃果樹瀑布落差八十公尺，寬一百公尺，水自崖頂凌空飛流而下，傾入犀牛潭中，勢如翻江倒海。水石相激，發出震天巨响，騰起一片烟霧，在陽光下化成一道道彩虹，幻景綽綽，奇妙無窮。賞讀一首〈涿鹿之戰：參觀「中華三祖聖地黃帝城遺址」有感〉。

涿鹿之戰
煙塵滾滾
殺聲震天
是一場驚天動地大戰役

以為這只是神話
歷史課本才能看到的地方
想不到如今我已
確確實實踏在它的古戰場

遺址如今已不再煙塵

改頭換面煥然一新
走在筆直林蔭大道上
感受中華歷史的厚重

我們的偉大三祖
——黃帝、炎帝、蚩尤
如今早已握手言和
高坐廟堂共享煙火

二〇一四年作品，《葡萄園》詩刊

一般我們中國人常說「炎黃子孫」，而未提到蚩尤，因為涿鹿一戰；蚩尤被打敗了。而按事實論，當時中國尚處部落社會，三祖在當時各代表一支部落（種族），後世中國人都來自此三部落，我們是「炎黃蚩子孫」，應該是比較合理、也合事實的說法。

涿鹿之戰發生地點，在我們中國河北省涿鹿縣境內。時間約距今四千六百年前，這是我們中國戰爭史的第一場戰事，黃帝和炎帝兩部落聯合，與蚩尤部落大戰，蚩尤戰敗，各部落共推黃帝為共主，為天子。賞讀〈大草原上的驚奇〉。

大草原上的驚奇
是那浩瀚無邊無際
車行其間幾日夜
覽不盡風光旖旎

山巒在遠方模糊成一線
雲層壓得低低低低
大地是一張超大畫布
被草們塗了滿滿綠

知名不知名野花
正開放得燦爛無比
牛羊馬兒成群
百看不厭移動風景

大草原上的驚奇
是那浩瀚無邊無際
車行其間幾日夜
走不出綠色奇蹟

二〇一三年作品，《葡萄園》詩刊

我們中國有三大世界級著名大草原，一是祁連山草原，在青海和甘肅交界處，面積約二千平方公里。二是壩上草原，在河北省豐寧滿族自治縣，面積三百五十平方公里。壩上草原內也有湖泊、山川、峽谷，處處都顯五彩的景觀。

第三是呼倫貝爾草原，在內蒙古東側，面積約九萬多平方公里（將近三個台灣大）。台客詩應就是呼倫貝爾草原，難怪詩說「車行其間幾日夜／走不出綠色奇蹟」，可見其大。

這三大草原也都入選「中國最美的一百個地方」。草原之美，不可思議的人間仙境，一輩子必定要親自旅遊過幾個仙境，才不算白來一趟！

第二十四章 《種詩的人》〈瑜你同在〉

《種詩的人：八行詩三百首》（台北：文史哲出版社，二〇一九年九月）。這是台客的第十三本詩集，全書三百首都是規格嚴整的八行詩。台客在〈前言：八行詩創作論〉一文，特別說明了八行詩的三種創作模式，分別是：前後段連貫式、前後段不連貫式、題目與內容反差式。正好給想要學習創作的人，當參考練習。

這本詩集分成六輯：〈種詩的人〉、〈世界采風〉、〈動物植物〉、〈大自然頌〉、〈生活日常〉、〈瑜你同在〉。當這本詩集出版時，筆者已經寫了一篇賞析，〈現代白居易：賞讀台客詩集《種詩的人》〉。（詳見《種詩的人》書末第一八三到一九六頁），這篇就列為本書附件，另針對《種詩的人》第六輯寫一篇賞文。

第六輯〈瑜你同在〉，共有三十首詩，全部是詩寫「韓流」運動，也就是曾經引起數百萬人共鳴並參與，使韓國瑜「光復高雄」。但不久，台獨偽政權又用作弊和政治抹黑手段，竊走了高雄，台客的詩記下了這個歷史事件。為彰顯社會和歷史正義，本章再選讀數首。第一首〈瑜你同在〉。

瑜你同在
在這歷史的轉捩點
是讓貪污繼續腐敗？
還是讓庶民發大財？

瑜你同在
在這民主決戰的一刻
是讓專制繼續獨裁？
還是讓它全面下台？

全世界都知道，所謂「台灣民主」已經變質，變成「綠色恐怖」、「恐怖統治」，一種「法西斯」統治，這在學術上已有定論。所以台灣民主已成為人民的災難，一切都已掌控在假台獨勢力手上，誰有能力來結束這種邪惡的政權？是一支〈穿雲箭〉嗎？

是誰，射出一枝穿雲箭

散居各地的英雄好漢
紛紛束裝騎上快馬
前來打狗城相見

這一仗不好打
敵人力量完勝我方
但我們毫不畏懼
揮正義之師必克京師

散居各地的英雄好漢都來「起義」了，照理說可以打敗妖魔，為什麼「敵人力量完勝我方」？這道理很簡單，台灣現在已如同末世，如元末、明末、清末。雖有英雄好漢起來「勤王」，終究邪惡力量太強大了，英雄彰顯了正義，但正義救不了魔鬼要滅亡一個朝代。看那〈韓流〉也曾經強大。

因民怨而生
因民怨長大
當韓流來襲

比任何颱風都可怕
看，滾滾紅潮輾過
綠色植株無一倖存
藍天再現
人民重展笑顏

韓流確實曾經強大一時，甚至把韓國瑜送上高雄市場寶座。只可惜大環境已全面腐敗化、邪惡化、妖魔化，加上年輕世代已完全被妖魔洗腦而變質。如同明末，江湖上也有一股正義力量，也奈何不了強大的邪惡力量。但，我們期待，「韓流」再起。〈韓家軍〉。

人人臉上熱情洋溢
個個手中揮舞著國旗
看紅色旗海多麼壯麗
我們自動自發來自全國各地

國家有難自己救
貪污腐敗請下台
救救我們下一代
我們挺的其實是自己

「韓家軍」一度非常強大，在高雄和台北的數次動員，都是驚天動地，人山人海，至少是數百萬人自動自發的動員。但結局慘敗，是綠營用了「高科技作弊」？用了網軍抹黑！直到現在（二〇二二年），已有人證物證，可以證明是作弊，但又奈何！何時「韓家軍」再起，不怕失敗！向邪惡勢力挑戰。一首〈草包〉。

他是草包
一句話不斷重複
從那人口中說出
電視中洋洋得意
他才是草包
看電視者

人人心中鄙視暗譙：

「罵人草包者其必草包！」

台灣電視上那些所謂的「名嘴」，早已成為社會亂源，更是「國民毒藥」。其實現在電視九成都被台獨收買，不能收買的也被控制，全在為綠色妖魔講話。極少數「不乖」的公正客觀台，就被迫關門，這個邪惡的偽政權，真是可恨！可惡！可痛！〈佳芬加分〉。

一位愛笑的大姊姊
一位可親的好媽媽
走到哪裡愛心就到哪裡
佳芬加分佳芬加分

育幼院看得到她
老人院看得到她
打狗城處處有她的芳蹤
啊！佳芬加分佳芬加分

在當時台灣地區所有政治人物的夫人中，李佳芬的形像最好、最正面、最陽光，理當如台客詩「佳芬加分、佳芬加分」。但結局仍讓人傷心，幾年了社會各界仍在質問為什麼？因為大環境被妖魔控制了，社會也妖魔。有佳芬一盞明灯，也是無力回天，改變不了大局，只能期許有更多「明燈」，才會出現希望。一首〈韓冰〉。

一位國民美少女
冰清又玉潔
她走到哪裡
目光就聚焦到哪裡

來喔來喔
快來吃韓冰
一粒20三粒50
國瑜夜市生意搶搶滾

當「韓流」風起雲湧之時，韓家的每一個人都成了新聞捕捉的焦點，每天的一舉一動全都「陽光化」了。讓人欣慰的是，韓家每個人都非常正面，有如天使，詩人頌揚韓冰「一位國民美少女／冰清又玉潔」，至於成敗或黑暗只能隨「業」了。一首〈黑韓與挺韓〉。

一大群的魯蛇
他們不甘既得利益受損
想方設法讓他穿小鞋
再無所不用其極的抹黑

絕大部分是庶民
為了自己及下一代
他們挺身而出
大聲吶喊誓言擁護

自古以來，宇宙間就存在正邪兩股力量，上帝要消滅魔鬼，魔鬼也經常攻擊上帝。双方好像都把對方無可奈何！甚至互有勝敗，最後都是邪不勝正，正義的一方遲早迎來勝利！

人間社會似乎也如此，詩人台客就有這樣的信念，堅持擁護正義的一方。「絕大部分是庶民／為了自己及下一代／他們挺身而出……」。一首〈他奶奶的〉。

他奶奶的
你們這些１４５０
你們這些所謂名嘴
整是在電視中造謠抹黑

恁爸等你
放馬過來吧
你越黑我越挺
看看誰怕誰

這就是我心目中的台客，尊敬的台客，愛國詩人台客，他是戰士和詩人的合體。「恁爸等你／放馬過來吧／你越黑我越挺／看看誰怕誰」。這是多麼豪氣！多麼的神勇！他以筆代槍，化筆成槍，這樣的詩句必在歷史時空流傳著！流傳著！

另一首〈黑韓產業鏈〉。

黑韓產業鏈
越來越蓬勃發展
已經成立公司
且即將上市

哈哈，你看他
多會樂觀看待
愛與包容
溫良恭儉再也不讓

筆者長期研究歷史，觀察社會明暗處，探索人性之善惡，發現一種奇怪現象，邪惡勢力很容易形成產業鏈（結構化），相互支援獲利壯大。反之，善良力量則很難形成產業鏈，不容易結構化。不知什麼原因！

就像今之台灣，邪惡勢力早已超越了黑韓產業鏈，而成為全國性的「邪惡聯盟」，並以蔡蝗為核心，利用行政、立法、司法、國安、情治等偽組織，控制全島人和一切事。這樣可以永保邪惡勢力掌權，有撈不完的銀子，騎在人民頭上灑尿！

如是，台灣的善良力量何在？正義力量只剩詩人的筆，力量有限啊！要等到何時老天有眼使正義打敗邪惡！

附件

一、現代白居易：賞讀台客詩集《種詩的人》

「黃昏六老加四」十好友，於今年（二〇一九）九月二十五日，在華國飯店餐敘。席間，著名詩人台客（廖振卿）出示剛出版的詩集《種詩的人——八行詩三百首》（文史哲出版社，二〇一九年九月）。酒酣耳熱之際，不及詳閱即丟入包包。

待回家晚上翻閱，才驚見這三百首詩可謂寫盡三千大世界及人生百態。而且在詩的技巧表現上，可以「現代白居易」形容，明朗易懂而又涵富意境，多數詩作有多層歧義詮釋。此書，體現台客深耕現代詩數十年之功力，讓我有好好寫一篇賞讀心得的衝動。《種詩的人》一書分六輯，以下按各輯簡述之。

輯一〈種詩的人〉

「種詩的人」，此一構句極為突出、鮮明，意涵深厚，引人反思，詩是用「種」的嗎？有如種樹種花一般。這輯共有五十首詩，賞讀第一首〈種詩的人〉：

日日殷勤的播種／夜夜不停的抓害除蟲／年復一年／累積了太多疲勞／／
如今老矣／眼看詩筆都要拿不動／檢視行囊收穫稀疏／更難與永恆拔河

暗示詩人深耕詩壇一輩子，到了黃昏歲月，眼看著快要拿不動筆了，清點一下成果仍「收穫稀疏」。這是詩人的含蓄，實則台客至今在詩、散文、詩論等各類作品，已出版十數本，算得上是多產作家。

但這首詩在畫龍點睛處，是最後一行「更難與永恆拔河」！詩人創作的宗旨大致可謂與永恆拔河，更廣義講大家都在和永恆拔河，希望勝過永恆。年輕時壯志凌雲，理想比天高，到了有點年紀，才會看清世間的真相，宇宙沒有什麼是永恆的。賞讀〈歷史〉：

一個時光的地底坑洞／好幽深好幽深／丟一顆石子下去／久久久久不見回
音／／持火把進去探險／遠方不時傳來／人馬雜沓竊竊私語聲／軍隊交戰
凶凶喊殺聲

把人類歷史形容成一個「無底洞」，很奇詭、很新鮮，意象鮮明而有點可怖，但很合事實，可以給人很多想像。第二段進一步把歷史看個明白，其實只是徵候判斷，歷史充滿「竊竊私語聲」，表示歷史很多都是私下交易，不能公開的事、見不得人的事，而戰爭、古今中外的歷史充滿戰爭的陰影。賞讀〈兩岸〉：

一道淺淺的海峽／隔開了你我／一道窄窄的海峽／劃分了界限／／但隔不開的是／濃濃的血緣關係／無法劃分的是／媽祖關公的信仰

讀這首詩時，正好看到報紙上有人提請政府要恢復祭孔。因為當今政府正搞「去中國化」，不擇手段要清除掉台灣人的「中國基因」，這些年來，「去孔化」、「去鄭成功化」、「去媽祖化」、「去孫中山化」、「去蔣化」……到了可怕、魔鬼的地步！文化、血緣關係，可以斷得乾乾淨淨嗎？兩岸共同的民間信仰能斷嗎？台灣各廟宇諸神每年都要回大陸參拜祖廟……兩岸終局的答案很清楚。而終局之前，難免有些邪魔歪道，如〈太陽花〉：

有著太陽一樣美麗的花朵／太陽花站在花田裡／吸引無數人類前來／駐足

觀賞拍照讚美／／而可嘆呀可嘆／如今你竟成另一種貶意詞／只因一群投
機暴力份子／用你的名搞禍國殃民之事

一種是自然界真誠又美麗的太陽花，一種是人為邪惡又禍國殃民的太陽花，以後的歷史將如記錄西洋史的中世紀，以「黑暗時代」名之。因為「太陽花學運」之禍害，恐會影響兩岸數十年，禍國殃民，邪惡！罪惡！

誰說詩人手無寸鐵，手無縛雞之力，台客以筆為劍，斬妖除魔，力道不亞於任何熱兵器（現代武器）。此詩必將穿透歷史、穿透時空，定位「太陽花」於邪惡面。

輯二〈世界采風〉

這輯有五十五首詩，書寫詩人遊走世界各國各地區之風景名勝，或對某一國度人民的印象。乃至馬雅文明、金字塔等，都是筆下風采！限篇幅僅舉三首。賞讀〈美國〉：

以星條為旗的國家／以老鷹為代表的民族／自許為地球老大／老愛扮演世
界警察／／從亞洲管到歐洲／從歐洲管到非洲／有時在別人前門開砲／有

時在別人後院放火

這正是現在美國人的寫照，很多人可能不知道，「伊斯蘭國」和歐洲千萬難民問題，都是美國入侵伊拉克和敍利亞製造出來的。但說到世界問題的根本，出在「美式民主」和「資本主義」，打開了「潘朵拉」的盒子。「地球第六次大滅絕」加速來到，就是人類最後結局，無解且不可逆，因潘朵拉已經解放了。這個問題須專文解釋，本文不詳述。賞讀〈日本〉：

以太陽為國旗的國家／女生愛穿和服的民族／人民謙恭有禮／見到人就打躬作揖／／但怎能忘記／它的鐵蹄曾經伸進不少鄰國／踩死了成千上萬無辜／那些刺刀猶閃亮在時空記憶

詩點出一個世界的「千古謎題」，謙恭有禮的倭人怎會數百年來不斷侵略鄰國？四百多年來發動三次大型「滅華之戰」。倭族人自古有強烈的「亡國感」，地震、海嘯和國土狹小是主因。因此，四百年前，他們的政治狂人豐臣秀吉訂下「大和民族之天命」，要「消滅中國、統一亞洲」，侵略鄰國乃成為每一代倭人之「天命」。

很多中國人不知道這個可怕的鄰邦，筆者乃出版「中國人之天命」一書，《日本問題的終極處理：廿一世紀中國人的天命與扶桑省建設綱要》（文史哲出版社，二〇一三年七月）。此書，主張本世紀內收服倭國，改中國扶桑省，完成我國在元朝未完之使命。賞讀〈天空之城〉：

> **隱藏在雲霧中／迷一樣的城市／巨石如何切割搬運／為何要蓋在雲端上？／／歷經多少世紀的滄桑／馬丘，如今已成觀光聖地／在南美安地斯山脈／驕傲的悲哀的佇立**

對南美印加帝國如何滅亡不知者，便不能理解這首詩，為何要蓋在雲端？為何又「悲哀的佇立」？惟詳情可見筆者《印加最後的獨白》一書，文史哲出版社出版中（二〇一九年底出版）。

簡言之，一五三二年（明嘉靖十一年）十一月十六日，約午後到黃昏，西班牙的大屠夫皮薩羅，率領含他共一六八個流氓，以現代武器對印加帝國君臣大屠殺，次年吊死國王阿塔瓦爾帕，印加滅亡，被屠殺的原因，是印加臣民不肯改信基督教。

印加主要在今之祕魯，現在祕魯的統治階層和上層社會都是兇手後裔，印加子孫仍過著苦日子，世上悲哀之事，莫此為甚。觀光客會思考這些問題嗎？詩人會。

輯三〈動物植物〉

這輯有五十首，世間稀奇動植物都在筆下活了。神豬、熊貓、恐龍、浮萍、龍……賞讀有趣的三首。〈老虎〉：

牠是一隻老虎／在山林裡稱王／哪隻動物見了牠不顫抖／趕緊溜之大吉／她也是一隻老虎／在家庭中稱霸／老公子女見了她誰不怕／默默走離無言抗議

兩種老虎，淺顯易懂，警示那在家中稱霸的「老虎」，可能要面臨「夫離子散」的困局，應早早回頭！畢竟女人總要像個女人，何必使自己像老虎。話說回來，會成為家中老虎的女人，通常已是習性和悟性不足使然，不可能改了，就當一輩子「母老虎」吧！賞讀〈看門狗〉：

牠是一隻看門狗／齜牙咧嘴／見人就吠／博得主人的讚賞／／它也是一隻看門狗／幫主人狂吠對手／山姆主人有時丟點飼料／還要不停叩頭

這是一首譏諷痛快的詩，但也需要一點國際關係常識，才能深刻理解詩之內涵。第一段是正常真正的一隻看門狗，牠很負責任執行自己的天職，是一隻值得被讚美的狗，好狗狗！

第二段大家都知道罵人的，只是「山姆主人」是誰？知者應該是不多。一般稱「山姆」是指美國人，聽命於美國的都是看門狗，日本、台灣、南韓等都是。地球叢林只要是「大哥級」，都會有看門狗，此詩道出叢林真相。賞讀〈椰子樹〉：

高高的站立在路旁／忠心的守護於南方／這些長腿帥哥／微風中親切向人招手／／走累了嗎？渴了嗎？／來來來，人客／到我的頂樓去／那兒有津液的解渴

首段把椰子樹擬人化是常見的手法，次段這位南方的「長腿帥哥」是非常好客有禮的，只要見到疲憊旅人經過，即會殷勤的打招呼，請大家爬樓梯到它的頂端去，採摘成熟的椰子津液以解渴！

輯四〈大自然頌〉

本輯有五十首詩，選三首頗能體現詩人的生命哲學，也甚有理趣的作品，亦頗能和讀者共鳴、共勉，有這種作用（功能）的詩，就算好詩。賞讀〈煙火〉：

我的生命就是往上衝／衝入最深最冷的夜空／然後爆炸，黑暗中／爆一朵朵希望之火花／／即使是短暫的燦爛／我也不後悔／即使摔得粉身碎骨／我也不流淚

以煙火擬人化比喻人生歷程，極為貼切，煙火從升空到結束才幾十秒。但人生如白駒過隙，就更短暫了，吾人也常說人生苦短，所以要追尋快樂。

但詩之旨意，在比喻人生如煙火，有兩個意涵。一者人生要不斷向上提昇，向上衝！不可沈落乃至沈淪；再者生命要能發光發熱，就算短暫的光熱也好，有光熱才能給人溫暖。沒有這兩個意涵，生命失去意義，人生的價值也減損很多。

賞讀〈泥土〉：

任人踐踏任人蹂躪／您恒默默／只要對您有一絲善意／您恒報答以鮮花或果實／／母親般的泥土呀／百年之後／我們都將躺入您的懷裡／默默安息

第一段讚嘆大地的大公無私，默默承載一切，不論人們如何對待大地，大地

都回報以好處。這也在暗示我們為人要向大地學習，勇於承擔，永遠以善意回報一切，人能做到這個程度，離聖人就不遠了。

第二段詩鋒一轉，以母親形容大地，很溫馨貼切，孩子只要躺在母親懷裡就安心了。以此比喻，百年後入土為安，就如同躺在媽媽懷裡，這個意象也暗示生死都是自然現象，不足為憂，以平常心看待生命的結束。賞讀〈墳墓〉：

你躺你的／我睡我的／在寂寞荒山頂上／這是人生最後歸宿／／沉悶了一整年／難得有人到訪／啊啊！一大堆徒子徒孫／在我門前開起同樂會

詼諧之作，有點對死亡的謔浪笑傲，把死亡看成很平常的事，毫無一點恐懼。「你躺你的／我睡我的」，多麼自在，這需要有修行功力才行，可見詩人的人生修煉有一定的高度，才能「觀」死「自在」！

詩鋒一轉，墳墓裡的死人發現墓前熱鬧起來了，原來是子孫來掃墓（開同樂會）。台客詩作技巧上善於「物化」，寫動物詩人化成動物，寫死人詩人化成死人，又使死人變活人，其實都是詩人在說話。

輯五〈生活日常〉

本輯有六十五首好詩，大凡人倫、人際關係，生活所碰食衣住行，社會經濟等民間活動，人生會遇到用到事物均在筆下活現。僅舉三首賞讀。〈納骨塔〉：

那麼多的靈魂／擠住在這棟小小塔屋裡／寂靜寂靜寂靜，它們／整日默默地休息休息休息／／塔外春去秋來風風雨雨／塔外鳥語花香歡樂人間／那些都與我們無關／那些對我們都已毫無意義

可能是詩人台客已近七十大壽，整本詩集出現不少和死亡相關的作品，更多的是思考人生意義和生命價值的作品。試圖經由與死亡相關事物，詮釋自己的人生哲學，如這首〈納骨塔〉，詩人又化成死人，表達人間一切已和他們無關，似乎在說人死後一了百了。

從詩看人，也大致判斷詩人沒有宗教信仰。世上幾種主流宗教（佛教、道教、天主、回教、天帝教），不會認為生命結束後，這個世界對死者就完全無意義了，這說來話長，不在此述。賞讀〈相簿〉：

收藏歡聲笑影／收藏往事如煙／那些人那些事／依稀在腦海中盤旋／／不敢打開不敢翻閱／回不去的時光／回不去的人影／我趴在相簿裡痛哭

我敢打賭，多數上年紀的人有這首詩的情境經驗，或許你沒有嚴重到「趴在相簿裡痛哭」，但一定有濃濃的感傷。想到珍藏一輩子幾大本幾千張照片，你兩腿一蹬，全都成了垃圾，焚化爐是唯一歸宿。

筆者早在十五年前想到這問題，決心好好處理我的數千張照片，讓他們永久典藏在大學圖書館。方法把照片放在書上，或以照片提詩，如四百張照片配合四百首短詩成一本詩集等均可，如是圖書館才有典藏途徑。把事情處理好了，你便不需趴在相簿裡痛哭。賞讀〈掛鐘〉：

掛在牆壁上／它的長短指針／不停的跳動／不停的旋轉／／好像時時對我說／台客先生要把握／餘命不多不多了／莫磋跎莫磋跎

顯然，詩人對「餘命不多」有迫切感，警惕自己要珍惜每一分鐘。何謂「餘命」？按台灣地區男性平均壽命是七十八歲強，女性是八十二歲強，若某男生七十歲，則餘命剩下八年左右可活。說長不長，說短不短，亦可謂白駒過隙，讓人百感焦慮！

面對餘命（或生死問題），是否焦慮或持何種心態？端視人的修行境界或宗教信仰程度而定。就筆者而言，身為正信佛教徒，完全依佛法看宇宙萬象，人的生命多少是累世的「業」而定，任何時候走人都「業」的結果，都是正常，故不需憂慮，隨業而行，隨業來去！

輯六〈瑜你同在〉

這輯三十首，寫的是有關韓國瑜。如瑜你同在、高雄發大財、穿雲箭、韓流、庶民的力量、韓家軍、黑韓產業鏈、草包、三山、土包子、貪食蛇、佳芬加分、韓冰、國旗女孩、強強滾、他奶奶的、佛光山……僅舉三首賞讀之。〈韓流〉：

因民怨而生／因民怨長大／當韓流來襲／比任何颱風都可怕／／看，滾滾紅潮碾過／綠色植株無一倖存／藍天再現／人民重展笑顏

就像李白的〈靜夜思〉，或白居易的作品，鄉下不識字的阿公阿婆，唸給他們聽，他們也會懂得詩意在說什麼。此詩唯一要顧慮是「颱風」比喻，因為颱風意象通常是對人有害的，可能奪人生命財產，而「韓流」屬性是對人有益，可以保護人民生命財產。賞讀〈庶民的力量〉：

不需動員／沒有號召／只為一個理念／他們來們四面八方／／一個小小的廣場／擠滿密密麻麻的螞蟻雄兵／螞蟻可以扳倒大象／啊啊可怕！庶民的力量

庶民的力量，就是我國古代常說的「民心向背」，得民心者得天下，失民心者失天下。看古裝劇如《三國》，就會感覺到各政權都在爭取民心，爭取全中國多數民心，而不是某一小地區民心。當然縣長要爭取一縣之民心，村長也要爭取一村之民心，這便是庶民的力量。

韓流之能獲得庶民支持，主要還是當今政府搞台獨，將把台灣帶入戰火和貧窮，「去中國化」成為漢奸政權。因而，韓國瑜的「台灣安全、人民有錢」才廣獲支持，這也是簡單的牛頓定律。賞讀〈強強滾〉：

曾是綠營戰將／選戰車上的第一麥手／能言善道，一出場／煽動語言捲起千堆雪／／如今卻成韓家軍鐵衛／何以至此？且聽他說：／歹丸人民站出來／快用選票來制裁……

台獨偽政權執政以來，不擇手段的搞「去中國化」，幾乎要向美、日一邊倒，要把台灣重新搞回日本殖民地，以倭國為母國，真是漢奸心態到了極點；不然就企圖認美帝為爹，把台灣搞成美國的一州，真是賣台到了極點。終於有深綠的人馬覺悟了，會有更多綠色人省悟變藍色人，天地都變藍了！

總結台客《種詩的人——八行詩三百首》，在詩學技巧上，最大的特色是把握二分法的思維邏輯。二分法是所有藝術領域（文學、戲劇、電影等，凡以聲、光、影像、文字表現的藝術）最常用方法，二分法擴大落差距離，產生強大衝擊力，震撼人之心弦。在這本詩集的三百首詩，大多呈現二分法技巧的成熟運用，體現台客深耕現代詩數十年的功力。

台客詩作的特色是平易近人，筆者也一向主張詩要讓人懂，越多人懂越能流傳普遍而久遠，寫作本來就是要給人看、給人懂，不然寫了何用？

詩壇上有一派，認為詩不必要給人懂，所以他們發表的作品無人能知其詩意，甚至自己所寫隔日也不懂了。甚至有說，詩壇上沒有一人讀得懂，就是大師了！

其實歷史早有定論，李白、白居易詩作，因其平易近人，大家都懂，所以能流傳千年，他們才是真正的大師。我說台客是「現代白居易」，至於他是不是大師，由未來歷史去決定！

二、詩人台客創作年表

△一九五一年（民40年）　出生

△一九五八年（民47年）　就讀鶯歌國小

△一九六四年（民53年）　就讀松山初中

△一九六七年（民56年）　就讀板橋高中

（受三哥影響，對文學產生興趣，課餘大量閱讀各類文學書籍。）

△一九七〇年（民59年）　就讀成功大學外文系

（大三開始對新詩產生興趣，並嘗試創作。）

△一九七四年（民63年）　成大外文系畢業

（自行打印30首創作，出版「大學紀念詩選」。）

△一九七六年（民65年）　服役兩年（在鳳山衛武營軍法室當收發士）

（持續創作，經常有作品在青年戰士報「詩隊伍」雙週刊及「笠」「綠地」「山水」等詩刊發表。）

（參加詩人畫家朱沉冬在高雄學苑授課的「文藝創作班」，認識一些南部詩人，同時也認識未來的老婆薛美雲。）

△一九七七年（民 66 年） 退伍

（出社會謀職不順，脫離詩壇，中斷詩創作 12 年。）

△一九八九年（民 78 年） 因緣際會，加入『葡萄園』詩刊社為同仁，重新拾起詩筆。

△一九九三年（民 82 年） 出版兩本詩集『生命樹』（新詩集）、『鄉下風光』（童詩集）。

八月，參加「葡萄園大陸詩人訪問團」一行 12 人，為期 30 天，計訪問北京、西安、洛陽、開封、鄭州、武漢、重慶、貴陽八大城市。

△一九九四年（民 83 年） 出版第三本詩集『故鄉之歌』（葡萄園詩叢）。

春季，開始執編『葡萄園』詩刊。從 121 期至 136 期，為期 4 年。

八月，參加在台北舉辦的第 15 屆世界詩人大會。

△一九九五年（民 84 年） 九月，參加「中國詩歌藝術學會」訪問團，一行九人，為期一個月，訪問大陸哈爾濱、瀋陽、北京、石家莊、洛陽、鄭州、開封、上海、杭州共九大城市。

△一九九六年（民 85 年） 第 4 本詩集『繭中語』，由大陸遼寧民族出版社出版。

△一九九八年（民 87 年） 春季，開始主編『葡萄園』詩刊。從 137 期至 201 期，為期 16 年，至 2014 年春為止。

八月，於台北市中央圖書館台灣分館與浙江開化詩人畫家章安君聯合展出奇石詩畫展，同時出版第5本詩集『石與詩的對話』（詩藝文版）。

△一九九九年（民88年） 五月，與詩人麥穗應邀前往湖南益陽參加由『散文詩刊』主辦的「第12屆全國詩刊報協議會」，並前往張家界採風。

△二〇〇〇年（民89年） 主編『不惑之歌』（葡萄園40周年詩選集）詩藝文出版社。主編『百年震撼』（台灣九二一大地震詩選集）詩藝文出版社。出版第6本詩集『見震九二一』（文學街出版社）。

九月，應北京中國作協之邀，與文曉村、王祿松、金筑、秦嶽等共11位詩人，參加「九州行訪問團」，至成都、重慶、北京三地訪問14天。

△二〇〇一年（民90年） 出版第7本詩集『發現之旅』（內蒙古科技出版社）。主編『詩藝飛揚』（中國詩歌藝術學會會員選集）文史哲版。

六月，獲「中華民國新詩學會」頒發「詩運獎」。

八月，出席大連舉辦的「第6屆國際華文詩人筆會」，會後順至山東泰山、濰坊等地拜會詩友。

十二月，獲中國詩歌藝術學會頒發「詩歌編輯獎」銅雕獎座一座。

△二〇一二年（民101年） 第11本詩集『續行的腳印』由釀出版社出版。

主編中國詩歌藝術學會會員選集『詩藝天地』（文史哲版）。

主編『三月采風』（三月詩會 20 周年選集）（文史哲版）

主編『半世紀之歌』（葡萄園 50 周年詩選集）（詩藝文版）

四月，與林靜助等多位詩人前往新加坡，參加「隨筆南洋文化協會」主辦的兩岸三地詩歌活動。

六月，與詩人傅予前往廣東韶關，出席當地「五月詩社」創立 30 周年慶，並至丹霞山、南華寺等名勝採風。

十二月，參加由重慶西南大學中國新詩研究所舉辦的「第四屆詩學名家國際論壇」研討會，並前往巫山採風。

（會前獲呂進所長之邀，偕數位海外及大陸知名詩人，前往四川、貴州交界的郎酒集團總公司參觀，每人獲贈 50 年及 30 年醬香郎酒各一瓶，及一萬元人民幣紅包。）

△二〇一三（民 102 年） 參加西藏山南地區為慶祝雅礱文化節舉辦的『藏源、藏緣』文比賽，獲二等獎。

△二〇一四年（民 103 年） 主編『我們這一班』（成大外文系 63 級畢業 40 年散文集）（文史哲版）

一月，由香港「世界華人詩報」主辦的「第二屆華人新詩大獎賽」，以「月琴」

一首，獲銅牌獎。

十月，參加由重慶西南大學中國新詩研究所舉辦的「第 5 屆華文詩學國際論壇」，並至武隆採風。

△二〇一五年（民 104 年） 第 12 本詩集『歲月星語』（文史哲出版）。

第 2 本散文集『窗外的風景』（文史哲出版）。

「西藏旅記」等 6 篇散文，獲選入『中國散文精選‧台灣卷』（長江文藝出版社）主編『回首千山外‧詩人作家創作回憶錄』（文史哲版），計收入兩岸及海外共 34 家作品。

△二〇一六年（民 105 年） 四月，獲洛陽「牡丹園」詩報主編海青青聘為「顧問」。

△二〇一七年（民 106 年） 參加在福州舉辦的「第五屆海峽兩岸文學筆會」，並前往太姥山等名勝採風。

△二〇一九年（民 108 年） 九月，第 13 本詩集『種詩的人』（八行詩 300 首），由文史哲出版。

十月，與詩人方明前往河北唐山，參加「第 19 屆國際詩人筆會」。

△二〇二〇年（民 109 年） 十二月，大陸世界華人文學總社聘為「簽約作家」，為期 4 年。

△二〇二一年（民 110 年） 十一月，『鹽分地帶文學』雜誌 95 期，刊出台客「鄉居散記」散文一篇。

十二月，「車行西部海岸」一首，獲第二屆香港紫荊花詩歌獎優秀獎。

△二〇二二年（民 111 年） 一月，由詩人作家陳福成著作的『中國新詩百年名家作品欣賞』（文史哲版），將台客列入其中一章討論。

三月，北京『工農文學』春季號刊出台客「虎年之歌」、「啊！海地」、「悲摧阿富汗」詩 3 首。

六月，『世界詩人』雜誌（香港）總第 18 期，刊出台客「走近張家界」詩一首。

六月，『創世紀』詩雜誌從 209 期起連續 3 期，刊出台客的組詩「故鄉之歌」、「澎湖行」、「嘉明湖之旅」。

六月，「笠」詩刊 349 期，刊出台客「2022 春夏疫情記事」詩一首。

陳福成著作全編總目

壹、兩岸關係

①決戰閏八月
②防衛大台灣
③解開兩岸十大弔詭
④大陸政策與兩岸關係

貳、國家安全

⑤國家安全與情治機關的弔詭
⑥國家安全與戰略關係
⑦國家安全論壇。

參、中國學四部曲

⑧中國歷代戰爭新詮
⑨中國近代黨派發展研究新詮
⑩中國政治思想新詮
⑪中國四大兵法家新詮：孫子、吳起、孫臏、孔明

肆、歷史、人類、文化、宗教、會黨

⑫神劍與屠刀
⑬中國神譜
⑭天帝教的中華文化意涵
⑮奴婢妾匪到革命家之路：復興廣播電台謝雪紅訪講錄
⑯洪門、青幫與哥老會研究

伍、詩〈現代詩、傳統詩〉、文學

⑰幻夢花開一江山
⑱赤縣行腳・神州心旅
⑲「外公」與「外婆」的詩
⑳尋找一座山
㉑春秋記實
㉒性情世界
㉓春秋詩選
㉔八方風雲性情世界
㉕古晟的誕生
㉖把腳印典藏在雲端
㉗從魯迅文學醫人魂救國魂說起
㉘六十後詩雜記詩集

陸、現代詩（詩人、詩社）研究

㉙三月詩會研究
㉚我們的春秋大業：三月詩會二十年別集
㉛中國當代平民詩人王學忠
㉜讀詩稗記
㉝嚴謹與浪漫之間
㉞一信詩學研究：解剖一隻九頭詩鵠
㉟囚徒
㊱胡爾泰現代詩臆說
㊲王學忠籲天詩錄

柒、春秋典型人物研究、遊記

㊳山西芮城劉焦智「鳳梅人」報研究
㊴在「鳳梅人」小橋上
㊵我所知道的孫大公

㊶為中華民族的生存發展進百書疏
㊷金秋六人行
㊸漸凍勇士陳宏

捌、小說、翻譯小說

㊹迷情・奇謀・輪迴、
㊺愛倫坡恐怖推理小說

玖、散文、論文、雜記、詩遊記、人生小品

㊻一個軍校生的台大閒情
㊼古道・秋風・瘦筆
㊽頓悟學習
㊾春秋正義
㊿公主與王子的夢幻、
(51)洄游的鮭魚
(52)男人和女人的情話真話
(53)台灣邊陲之美
(54)最自在的彩霞
(55)梁又平事件後

拾、回憶錄體

(56)五十不惑
(57)我的革命檔案
(58)台大教官興衰錄
(59)迷航記、
(60)最後一代書寫的身影
(61)我這輩子幹了什麼好事
(62)那些年我們是這樣寫情書的
(63)那些年我們是這樣談戀愛的
(64)台灣大學退休人員聯誼會第九屆理事長記實

拾壹、兵學、戰爭

(65)孫子實戰經驗研究
(66)第四波戰爭開山鼻祖賓拉登

拾貳、政治研究

(67)政治學方法論概說
(68)西洋政治思想史概述
(69)中國全民民主統一會北京行
(70)尋找理想國：中國式民主政治研究要綱

拾參、中國命運、喚醒國魂

(71)大浩劫後：日本 311 天譴說
日本問題的終極處理
(72)台大逸仙學會

拾肆、地方誌、地區研究

(73)台北公館台大地區考古・導覽
(74)台中開發史
(75)台北的前世今生
(76)台北公館地區開發史

拾伍、其他

(77)英文單字研究
(78)與君賞玩天地寬（文友評論）
(79)非常傳銷學
(80)新領導與管理實務

2015 年 9 月後新著

編號	書　　　　名	出版社	出版時間	定價	字數(萬)	內容性質
81	一隻菜鳥的學佛初認識	文史哲	2015.09	460	12	學佛心得
82	海青青的天空	文史哲	2015.09	250	6	現代詩評
83	為播詩種與莊雲惠詩作初探	文史哲	2015.11	280	5	童詩、現代詩評
84	世界洪門歷史文化協會論壇	文史哲	2016.01	280	6	洪門活動紀錄
85	三搞統一：解剖共產黨、國民黨、民進黨怎樣搞統一	文史哲	2016.03	420	13	政治、統一
86	緣來艱辛非尋常－賞讀范揚松仿古體詩稿	文史哲	2016.04	400	9	詩、文學
87	大兵法家范蠡研究－商聖財神陶朱公傳奇	文史哲	2016.06	280	8	范蠡研究
88	典藏斷滅的文明：最後一代書寫身影的告別紀念	文史哲	2016.08	450	8	各種手稿
89	葉莎現代詩研究欣賞：靈山一朵花的美感	文史哲	2016.08	220	6	現代詩評
90	臺灣大學退休人員聯誼會第十屆理事長實記暨 2015～2016 重要事件簿	文史哲	2016.04	400	8	日記
91	我與當代中國大學圖書館的因緣	文史哲	2017.04	300	5	紀念狀
92	廣西參訪遊記（編著）	文史哲	2016.10	300	6	詩、遊記
93	中國鄉土詩人金土作品研究	文史哲	2017.12	420	11	文學研究
94	暇豫翻翻《揚子江》詩刊：蟾蜍山麓讀書瑣記	文史哲	2018.02	320	7	文學研究
95	我讀上海《海上詩刊》：中國歷史園林豫園詩話瑣記	文史哲	2018.03	320	6	文學研究
96	天帝教第二人間使命：上帝加持中國統一之努力	文史哲	2018.03	460	13	宗教
97	范蠡致富研究與學習：商聖財神之實務與操作	文史哲	2018.06	280	8	文學研究
98	光陰簡史：我的影像回憶錄現代詩集	文史哲	2018.07	360	6	詩、文學
99	光陰考古學：失落圖像考古現代詩集	文史哲	2018.08	460	7	詩、文學
100	鄭雅文現代詩之佛法衍繹	文史哲	2018.08	240	6	文學研究
101	林錫嘉現代詩賞析	文史哲	2018.08	420	10	文學研究
102	現代田園詩人許其正作品研析	文史哲	2018.08	520	12	文學研究
103	莫渝現代詩賞析	文史哲	2018.08	320	7	文學研究
104	陳寧貴現代詩研究	文史哲	2018.08	380	9	文學研究
105	曾美霞現代詩研析	文史哲	2018.08	360	7	文學研究
106	劉正偉現代詩賞析	文史哲	2018.08	400	9	文學研究
107	陳福成著作述評：他的寫作人生	文史哲	2018.08	420	9	文學研究
108	舉起文化使命的火把：彭正雄出版及交流一甲子	文史哲	2018.08	480	9	文學研究

109	我讀北京《黃埔》雜誌的筆記	文史哲	2018.10	400	9	文學研究
110	北京天津廊坊參訪紀實	文史哲	2019.12	420	8	遊記
111	觀自在綠蒂詩話：無住生詩的漂泊詩人	文史哲	2019.12	420	14	文學研究
112	中國詩歌墾拓者海青青：《牡丹園》和《中原歌壇》	文史哲	2020.06	580	6	詩、文學
113	走過這一世的證據：影像回顧現代詩集	文史哲	2020.06	580	6	詩、文學
114	這一是我們同路的證據：影像回顧現代詩題集	文史哲	2020.06	540	6	詩、文學
115	感動世界：感動三界故事詩集	文史哲	2020.06	360	4	詩、文學
116	印加最後的獨白：蟾蜍山萬盛草齋詩稿	文史哲	2020.06	400	5	詩、文學
117	台大遺境：失落圖像現代詩題集	文史哲	2020.09	580	6	詩、文學
118	中國鄉土詩人金土作品研究反響選集	文史哲	2020.10	360	4	詩、文學
119	夢幻泡影：金剛人生現代詩經	文史哲	2020.11	580	6	詩、文學
120	范蠡完勝三十六計：智謀之理論與全方位實務操作	文史哲	2020.11	880	39	戰略研究
121	我與當代中國大學圖書館的因緣（三）	文史哲	2021.01	580	6	詩、文學
122	這一世我們乘佛法行過神州大地：生身中國人的難得與光榮史詩	文史哲	2021.03	580	6	詩、文學
123	地瓜最後的獨白：陳福成長詩集	文史哲	2021.05	240	3	詩、文學
124	甘薯史記：陳福成超時空傳奇長詩劇	文史哲	2021.07	320	3	詩、文學
125	芋頭史記：陳福成科幻歷史傳奇長詩劇	文史哲	2021.08	350	3	詩、文學
126	這一世只做好一件事：為中華民族留下一筆文化公共財	文史哲	2021.09	380	6	人生記事
127	龍族魂：陳福成籲天錄詩集	文史哲	2021.09	380	6	詩、文學
128	歷史與真相	文史哲	2021.09	320	6	歷史反省
129	蔣毛最後的邂逅：陳福成中方夜譚春秋	文史哲	2021.10	300	6	科幻小說
130	大航海家鄭和：人類史上最早的慈航圖證	文史哲	2021.10	300	5	歷史
131	欣賞亞媺現代詩：懷念丁穎中國心	文史哲	2021.11	440	5	詩、文學
132	向明等八家詩讀後：被《食餘飲後集》電到	文史哲	2021.11	420	7	詩、文學
133	陳福成二〇二一年短詩集：躲進蓮藕孔洞內乘涼	文史哲	2021.12	380	3	詩、文學
134	中國新詩百年名家作品欣賞	文史哲	2022.01	460	8	新詩欣賞
135	流浪在神州邊陲的詩魂：台灣新詩人詩刊詩社	文史哲	2022.02	420	6	新詩欣賞
136	漂泊在神州邊陲的詩魂：台灣新詩人詩刊詩社	文史哲	2022.04	460	8	新詩欣賞
137	陸官 44 期福心會：暨一些黃埔情緣記事	文史哲	2022.05	320	4	人生記事
138	我躲進蓮藕孔洞內乘涼--2021 到 2022 的心情詩集	文史哲	2022.05	340	2	詩、文學
139	陳福成 70 自編年表：所見所做所寫事件簿	文史哲	2022.05	400	8	傳記
140	我的祖國行腳詩鈔：陳福成 70 歲紀念詩集	文史哲	2022.05	380	3	新詩欣賞

141	日本將不復存在：天譴一個民族	文史哲	2022.06	240	4	歷史研究
142	一個中國平民詩人的天命：王學忠詩的社會關懷	文史哲	2022.07	280	4	新詩欣賞
143	武經七書新註：中國文明文化富國強兵精要	文史哲	2022.08	540	16	兵書新注
144	明朗健康中國：台客現代詩賞析	文史哲	2022.09	440	8	新詩欣賞

陳福成國防通識課程著編及其他作品

（各級學校教科書及其他）

編號	書　　名	出版社	教育部審定
1	國家安全概論（大學院校用）	幼　獅	民國 86 年
2	國家安全概述（高中職、專科用）	幼　獅	民國 86 年
3	國家安全概論（台灣大學專用書）	台　大	（臺大不送審）
4	軍事研究（大專院校用）（註一）	全　華	民國 95 年
5	國防通識（第一冊、高中學生用）（註二）	龍　騰	民國 94 年課程要綱
6	國防通識（第二冊、高中學生用）	龍　騰	同
7	國防通識（第三冊、高中學生用）	龍　騰	同
8	國防通識（第四冊、高中學生用）	龍　騰	同
9	國防通識（第一冊、教師專用）	龍　騰	同
10	國防通識（第二冊、教師專用）	龍　騰	同
11	國防通識（第三冊、教師專用）	龍　騰	同
12	國防通識（第四冊、教師專用）	龍　騰	同

註一　羅慶生、許競任、廖德智、秦昱華、陳福成合著，《軍事戰史》（臺北：全華圖書股份有限公司，二〇〇八年）。

註二　《國防通識》，學生課本四冊，教師專用四冊。由陳福成、李文師、李景素、頊臺民、陳國慶合著，陳福成也負責擔任主編。八冊全由龍騰文化事業股份有限公司出版。